KB025814

움직이는 모든 것은 교통이다

김 창 균

nobook

차례

Part4 우리 교통, 정말 이래도 됩니까?

참을 수 없는 일상 속 교통 스트레스 탈출법

Part5 주행보다 주차가 중요한 이유

Part6 교통이 꿈꾸는 미래 세상

프롤로그 _ 교통은 행복의 필수요건이다

의식주행(衣食住行)
교통은 우리의 지극히 중요한 일상이다.
우리는 눈 뜨는 그 순간부터 교통과 함께 한다.
씻고, 먹고, 옷을 입기 위해 움직인다.
문 밖으로 나가 자동차를 운전한다.
그리고 대중교통을 타고 학교나 직장에 간다.
사람들의 이런 움직임은 이동(Mobility)을 위한 것이다.
그리고 그 이동이 바로 교통의 목적이며 정의이다.
더 넓은 의미에서 본다면 사람 간의 대화와 소통과 같은
언어적, 정서적 이동 행위도 교통이다.
움직이는 모든 것이 교통이다.

살아있는 한 인간은 움직이는 존재이다.
그 같은 본질적 특성으로 인해 교통은
인간이 이룩해 온 삶의 역사와 문화 등 문명의
모든 분야와 깊게 연관될 수밖에 없다.
정치, 경제, 사회, 문화, 행정, 과학, 공학, 스포츠, 예술은 물론
법학, 의학까지 인간이 행할 수 있는
모든 것이 다 교통과 밀접하다.

교통이 기본이 되지 않으면
우리 사회의 주요 부분들이 제대로 돌아가지 않는다.
이처럼 교통은 한 도시나 나라의 흥망성쇠에 관여해왔다.
현대 사회는 교통이 편리한 것이 행복의 필수 요건이다.
교통을 잘 운용하고 활용하면 국가 예산을 절약하고,
개인적으로는 경제적 이득을 얻을 수 있다.

하지만 늘 곁에 있는 공기의 고마움을 망각하듯
우리는 평소 교통의 중요성을 잊고 산다.
교통은 다른 주제에 비해 항상 뒷전이다.
큰 문제라도 발생해야 그제서야 대책을 세운다고 분주하다.
교통사고가 발생하면 시설물을 개선한다.
교통이 혼잡해지면 다시 도로를 확장한다.
그러나 그 뿐. 시설물과 도로를 만들어 놓기만 하고
잘 운영하거나 유지 관리하는 데는 관심이 없다.
그 순간이 지나가면 또 잊는다.
그러니 또 다시 길은 막히고 사고가 난다.
사람이 교통사고로 일 년에 수천 명씩 죽어나가도
엇비슷한 정책만 반복한다.

정책을 만들고 집행하는 사람들만의 문제가 아니다.
난폭 운전, 음주 운전, 불법 주차가 난무해도
모두들 무질서한 교통문화를 당연시여기고 있다.
도로나 철도, 공항과 대중교통 같은 교통시설물 건설을 위해
매년 천문학적 예산이 들어가지만
그 쓰임새와 효율성이 제대로 관리되고 있지 않다.

교통이 탈이 나면 일상의 파급효과가 크다.
평소 대비하고 대응 체계를 갖춰놓아야 한다.
그러기 위해서는 무엇보다
교통의 실체와 중요성을 인식해야 한다.
그런 의미에서 이 책은 교통의 제자리 찾기에 있다고 할 수 있다.
우리 사회에서 교통의 본질과 중요성을 이해시키고,
남녀노소 모두가 참여하는
교통문화를 만들어갈 필요가 있다는 생각에서 출발하였다.
그동안 교통 관련 책이 많이 출간되었지만
주로 전문가를 위한 책이 많았다.
이 책은 일반인을 대상으로 좀더 읽기 쉽도록 정리했다.

필자가 교통공학을 전공하고 약 25년간
정부출연연구원, 대학교, 관공서, 글로벌 기업 등을 거치며
교통 관련 업무를 수행하며 얻은 지식과 경험을 바탕으로
교통은 무엇이고, 교통 분야에서는 어떤 일을 하며
우리 생활과 어떻게 관련이 되는지
이야기를 나누듯 쉽게 풀어가 보았다.

이 책은 철저히 대중적이다.
그러나 교통 문제를 다룰 때만큼은
날카로운 지적을 순화하지 않고 그대로 싣고,
그에 대한 대안도 제시해 보았다.
책을 읽어나가다 보면
우리가 일상생활 중 교통에 대해 무엇을 소홀히 했으며,
앞으로 어떤 자세여야 하는지 이해할 수 있을 것이다.
이 책에는 이런 내용이 담겨있다.
교통에 대한 상식과 교통 인문학,
교통 재테크, 일상 속 교통 문제와 해결책,
그리고 우리의 교통문화와 교통의 미래이다.

도로 위에서 길을 찾는 사람에게는
그 길을 찾아가는 방법을 알려준다.
그동안은 무심했지만 앞으로는 꼭 알았으면 하는
교통 상식을 전해 준다.
인간의 삶과 교통의 인문학적 접점도 재미있게 다룬다.
교통을 통해 경제적 실익을 얻고 싶은 사람에게는
교통 재테크 정보를 알려준다.
교통 분야에 관심이 있거나 현재 전공 중인 학생들에게는
교통 진로에 대한 유용한 정보와 지침을 알려준다.
또한 정책 집행자들에게는
정책 수립과 집행 과정에 실질적인 도움이 될 수 있는
대안을 다루어보려고 노력했다.
이처럼 세상의 길을 찾는 모든 이에게
이 책이 쓸모 있는 내비게이션이 되었으면 좋겠다.

2018년 11월 22일 김 창 균

Part1

•

교통은 소통이다

물소 떼가 사람보다 영리하다?

아프리카 세렝게티 평원에 건기가 찾아오면 물소 떼의 대이동이 시작된다. 수만 마리 물소 떼가 일제히 물을 찾아 달리는 모습은 소름이 돋을 정도로 놀랍다. 그런데 더 놀라운 것이 있다. 한 유명 물리학자가 관찰한 결과, 그들의 움직임 속에는 우리가 미처 발견하지 못한 비밀이 숨어 있었다. 물소 떼는 앞을 향해 거칠고 빠르게 이동하고 있지만 서로 절대 충돌하지 않았다. 어떻게 그런 일이 가능할까.

물소 떼가 질서를 지키며 이동할 수 있었던 이유는 두 가지이다. 첫째는 각자 일정한 간격을 유지하고 있다는 점이다. 그러면서도 그들은 같은 속도로 달려가고 있었다. 그것이 두 번째 이유다. 뒤를 돌아보거나 더 빨리 달리기 위해 속도를 높일 만도 하지만 단 한 마리의 일탈도 없었다. 교통을 연구하는 필자는 덩치 큰 물소 떼들이 서로 부딪히지 않고 장거리를 이동한다는 사실이 특별히 더 흥미로웠다. 그에 비해 도로를 달리는 차들은 언제 어디서든 사고가 난다. 그중에는 사람의 목숨을 앗아가는 경우도 있다. 참으로 안타까운 일이다. 자동차는 왜 물소 떼처럼 안전하게 달리지 못하는 걸까. 물소 떼가 자동차를 운전하는 사람보다 더 영리하기라도 한 것일까.

물론 그렇지는 않다. 사람들은 자동차가 서로 충돌하

지 않으려면 각자 일정한 간격을 유지해야 한다는 사실을 분명히 알고 있다. 하지만 도로의 실시간 상태와 운전자의 여건이 시시각각 달라지기 때문에 일정 시간 동안 일정 간격을 유지하는 데 실패한다. 운전대를 잡은 사람들은 저마다 사연이 있다. 전날 저녁에 마신 술로 집중력이 흐려진 사람도 있다. 무더위에 밤잠을 설쳐 주의력이 분산되기도 한다. 친구와 말다툼을 한 직후 시동을 걸었다면 신호등이 빨간 불인지 파란 불인지 눈에 들어올 리가 없다.

자동차는 한 방향으로 달려가는 물소 떼와는 달리 각기 다른 목적지를 향해 움직인다. 물소 떼가 달리는 드넓은 초원과 달리 도로 위는 온갖 표지판과 시설물로 덮여 혼잡하다. 물소 떼의 질서 개념은 본능 속에 각인된 것이다. 그들의 신경구조 속에는 충돌을 방지하는 신경망이 분포한다. 사람만큼 복잡한 일상을 살고 있지 않은 물소들은 본능에 충실한 행보가 가능하다. 아쉽게도 우리에겐 물소 떼가 지닌 본능적 질서감이 없다. 그렇다면 사람도 물소 떼처럼 사고 없이 안전하게 운전할 수는 없는 것일까. 물소의 신경구조처럼 차량 간의 간격을 일정하게 유지시켜주는 자동차가 생긴다면 어떨까. 가능성이 전혀 없는 것은 아니다.

전문가들은 최근 새로운 기술로 대두된 무인자동차가 그러한 역할을 해낼 수 있을 것이라 기대한다. 컴퓨터와 전자장치에 의해 도로 위 모든 자동차의 운행이 관리 통제된다면 일정 간격을 유지하는 게 가능하다. 사실 오래전부터 무인자동차의 개발은 교통 분야의 최종 목표였다. 그러나 기술상의 한계와 도로 환경상의 난점으로 인한 한계가 있었다. 좁은 구역의 단거리 구간에서는 안전하게 이동하는 게 가능하지만, 장거리 구간인 실제 도로 상황에 적용되기엔 무리가 있었다. 그런 난점에 발목이 잡혀, 각기 다른 출발지와 목적지를 지닌 차들이 다니는 복잡한 교통네트워크 상에서 충돌 없이 운행하는 기술은 한동안 요원했었다.

다행히 최근 인공지능의 개발과 첨단 전자제어 장치들의 급속한 발달로 그러한 꿈이 조만간 실현될 전망이다. 그렇다 해도 무인자동차가 상용화되기 위해선 아직도 넘어야 할 산이 몇 개 있다. 우선 교통 관련 법규와 제도가 정비되어야 한다. 무인자동차가 운행되는 도로는 이제까지와는 다른 차원으로 바뀔 것이다. 새 술을 새 포대에 담듯 도로와 자동차에 관한 모든 법령이 완전히 바뀌어야 무인자동차의 실질적인 운행이 시작될 수 있다. 또 하나 대비할 것이 있다. 미세한 버그에 의한 관제시설과 장비의 오작동 문제이다. 무인자동차에 장착된 전자장비의 기능이 첨단화될수록 오작동의 위험성도 커지기 때문이다. 하지만 교통사고 없는 안전한 도로를 실현하기 위해 넘어야 할 보다 높은 산은 따로 있다. 바로 보행자와 운전자의 이기심이다.

야마다 타로 이야기(山田太郎ものがたり)라는 일본 드라마가 있다. 일본 아라시의 멤버가 주인공 타로로 등장한다. 겉으로 부잣집 도련님처럼 보이는 꽃미남 타로는 실은 찢어지게 가난한 가정의 일곱 남매 중 맏이이다. 현실감 없는 부모 대신 타로는 어

떡하든 여섯 동생의 생계를 책임져야 한다. 그러다 보니 늘 한 푼이라도 싸고 푸짐한 식자재를 찾기 위해 눈을 크게 뜨고 다닐 수밖에 없다. 고기는 언감생심 꿈도 못 꾸는 형편이다.

그런 그에게 어느 날 2kg이나 되는 소고기를 단돈 천 원에 살 수 있는 기회가 온다. 한 슈퍼마켓의 개점 세일 행사가 눈에 띈 것이다. 그러나 세일 중인 슈퍼는 언제나 더 값싼 식품을 차지하려는 주부들로 아비규환이다. 그 와중에 타로가 행운을 차지하기란 쉽지 않다. 동생들에게 멋진 바비큐 파티를 열어주겠다는 일념으로 타로는 타임세일의 달인인 한 주부를 스승으로 모신다. 그리고 그녀에게 개인 교습을 받으며 D-데이에 대비한다. 드디어 모두가 벼르는 결전의 순간, 개점을 알리는 테이프가 끊긴다. 미국의 블랙프라이데이 못지않은 열기와 긴장감이 매장 안을 감싼다. 타로는 있는 힘을 다해 매대를 향해 달린다. 매장은 순식간에 값싼 명품 소고기 한 팩을 종착점으로 하는 달리기 경주장으로 돌변한다. 오로지 고기를 차지하겠다는 일념으로 모두 열심히 달려간다. 타로도 죽을 힘을 다해 달린다. 경쟁자들과 어깨를 부딪고 몸싸움을 벌이며 치열한 쟁탈전이 벌어진다. 그러다 결국 타로가 가장 먼저 소고기를 손에 넣는다. 슈퍼클로즈업 된 고기는 반짝반짝 빛나며 타로의 승리를 암시한다. 그렇게 그날 저녁 타로는 동생들에게 소고기를 배불리 먹일 수 있었다. 고기 한 팩을 차지하려는 저마다의 집념이 어찌나 희화적으로 표현되었는지 아직도 그 장면을 생각하면 절로 웃음이 난다.

보행 중 다들 한 번쯤은 반대 방향에서 오는 사람과 몸이나 어깨를 부딪쳐본 경험이 있을 것이다. 보행 시 부딪히는 이유는 다른 사람의 통행보다 본인의 이동이 먼저라고 생각하는 이기심 때문이다. 빨리 가겠다는 욕망을 한 걸음 잠재우고 타인의 보행을 먼저 배려한다면 절대 일어나지 않을 일이다. 거리에서 남보다 빨리 가기 위해 다른 사람의 진로에 아랑곳없이 몸을 부딪쳐 오는 사람들을 보면 문득 드라마 속의 그 장면이 떠오른다. 극 중 장면을 단순히 이기심이라 부르긴 힘들다. 어떡하든 값싸게 반찬거리를 사야 하는 서민들의 페이소스가 담겨 있기 때문이다.

그러나 개인의 욕망을 달성하기 위해 다른 사람에 대한 배려나 양보가 실종된 극단적 상황의 표현인 점만은 분명하다. 그러한 상황 속에서 낮에는 공부하고 밤에는 온갖 아르바이트로 동생들을 먹여 살리는 소년가장 타로의 힘든 삶에 대한 배려같은 건 존재하지 않는다. 통행 중의 충돌은 다른 나라에서는 잘 일어나지 않는다. 설문 조사에 의하면 외국인이 우리나라에서 가장 불편하고 놀라운 것이 보행자의 비신사적인 행태라고 한다. 왜 남의 진로를 방해하고 피해를 주는지 그들의 상식에서는 잘 용납이 안 되는 것이다.

또 다른 설문 조사에 의하면, 우리나라 자동차의 10대 중 7대 이상이 도로에서 회전할 때 방향지시등을 켜지 않는다고 한다. 물소 떼처럼 부딪히지 않고 달리는 것은 고사하고 상대방에게 본인의 진로를 미리 알려주는 데도 인색한 것이다. 반대로 차량 자체에 방향지시등이 설치되어있지 않다면 어떤 일이 일어날까. 아마도 운전자 스스로 답답함을 못 이겨 자동차 회사에 항의하고 난리가 날 것이다.

정지표시나 신호등도 마찬가지이다. 물소는 달리는데 시설물이 필요 없다. 그러나 도로 위를 오가는 운전자들의 상충하는 의지가 적절히 제어되려면 반드시 정해진 교통표지와 안내 신호를 따라야 한다. 그래야 원활한 소통이 이루어진다. 필요에 의해 만들어진 것은 반드시 이유가 있기 마련이다. 나 하나쯤 괜찮겠지 하는 마음으로 신호를 어긴다면 본인뿐 아니라 다른 사람에게도 피해를 주게 된다. 바늘도둑이 소도둑 된다는 속담을 되새겨보자. 교통 위반을 거듭하다 보면 어느새 습관이 되어 큰 사고를 부를 수도 있다. 교통의 본질은 대중성이다. 대중성이란 타인의 존재를 전제로 한 개념이다. 타인과의 공존은 공공의식을 필요로 한다. 교통은 공공질서와 연관이 깊다. 다른 사람들과 함께 있을 때는 혼자 있을 때와 분명히 다른 행동을 해야 한다. 타인을 배려하기 위해 본인의 욕망을 제어하고 불편함을 감수해야 할 때도 있다. 그것이 공공의식을 제대로 실천하는 길이다. 현재 우리의 교통시설 수준과 국가기간시설 등은 여타 선진국에 뒤지지 않는다. 그러나 그러한 하드웨어를 이용하는 시민들의 공공의식은 아직 터무니없이 부족하다. 더불어 살아가는 원활한 교통 세상을 위해 교통질서에 대한 의식의 전환이 필요하다. 최소한 우리는 물소보다는 나은 모습으로 살아야 하지 않겠는가.

움직이는 모든 것은 교통이다

교통의 정의는 무엇일까. 교통이란 자동차, 기차, 비행기 등의 탈 것을 이용하여 사람이나 화물이 한 지역에서 다른 지역으로 이동하는 것을 뜻한다. 교통의 영어 표현은 'Transport'이다. 이것은 '이동'을 의미하는 'Trans'와 '항구'를 의미하는 'Port'가 합성된 단어이다. 예전에는 선박이 주요 이동 수단이었다. 그런 이유로 하나의 항구(Sea port)에서 다른 항구로 이동(Trans)하는 것을 교통(Transport)이라 명명한 것이다. 이런 개념은 오늘날 비행기를 통한 이동에도 해당한다. 한 공항(Airport)에서 다른 공항으로 이동하는 것도 교통의 행위이다. 선박은 오래전부터 교통수단의 상징으로 여겨졌다. 교통이 활발한 곳은 산업의 중심지가 되곤 했다. 선박 교통이 빈번한 항구도시도 세계 경제와 무역의 주요 역할을 담당했다. 그에 따라 많은 인구가 항구도시로 몰려들었다. 지금도 그렇게 발달한 항구 도시들 대부분이 한 나라의 중요한 도시 역할을 하고 있다. 교통이 도시와 국가발전에 얼마나 크게 기여해왔는지 잘 알 수 있다. 오랫동안 선박은 먼 거리를 오가는 유일한 교통수단 노릇을 했다. 그러나 19세기 초 영국의 스티븐슨이 기존의 증기기관을 개량하여 본격적인 증기기관차를 개발하자 교통의 판도가 바뀌었다. 내륙 도시 간의 이동을 책임지는 주요 수단으로 기차가 큰 역할을 하게 된 것이다.

세계 2차 대전 이후에는 여러 가지 교통수단이 늘어나면서 사람과 화물의 통행이 매우 활발해지는 계기가 되었다. 교통의 발달은 정치, 경제, 사회, 문화, 과학, 체육, 교육, 산업, 예술, 언론 등 우리 생활의 모든 분야에 지대한 영향을 미쳐왔다. 그중에서도 가장 두드러진 것은 자동차다. 자동차는 우리 생활의 많은 부분을 변화시켰다. 사람과 화물의 신속한 이동을 가능하게 했고, 인간과 도시에 커다란 경제적 이익을 가져다주었다. 자동차의 지속적인 발전은 주요 도시들의 확장과 개발을 이루게 했다. 자동차로 인해 새로운 도시가 탄생하기도 했다. 독일 니더작센주(州)에 속한 도시인 볼프스부르크(Wolfsburg)가 그 대표적인 예이다. 딱정벌레 모양으로 유명한 독일의 국민차 폭스바겐 본사가 바로 이곳에 자리하고 있다. 볼프스부르크는 본래 헤스링겐이란 이름의 작은 마을이었다. 1938년 히틀러에 의해 폭스바겐 공장이 세워지면서 노동자와 가족 등 사람들이 몰려들었고 신흥 도시로 성장했다. 사람과 물자를 보다 편리하고 신속하게 이동시키고 싶은 인류의 노력은 21세기에 들어서도 이어지고 있다. 기존에 있는 여러 가지 교통수단의 적극적 개선작업이 지속적으로 진행 중이다. 전기자동차와 무인 자율주행 자동차 등 차세대 이동수단에 대한 연구도 활발히 이루어지고 있다.

한편 '교통'이란 단어에는 또 다른 의미가 있다. 사전에서는 교통에 대해, "서로 소식이나 의견, 정보 따위를 주고받거나 사람과 사람, 또는 나라와 나라끼리 관계를 맺고 오고 가는 것"이라고 정의하고 있다. 이와 관련하여 중국에서는 교통을 '의사소통' 또는 '연락' 등을 의미하는 'Communication'의 뜻으로 해석한다. 이는 사람이나 물건의 이동에 쓰이는 'Transport'에 비해 더욱 광범위한 의미를 담고 있다. 중국에서 사용되는 '교통'은 지역과 지역 사이의 물리적인 이동 행위뿐만 아니라 여러 주체 간의 모든 소통 행위에 다 해당하는 말이다. 사람들 사이의 의견교환이나 심리적인 교감 등도 교통에 속하는 것이다. 일반적인 시각으로 볼 때는 매우 생소한 해석일 수 있다. 하지만 '이동한다'라는 말의 본래의 뜻을 형이상학적인 범위까지 확장시키면, 사람과 사람 사이에 의견이나 감정이 오가는 소통의 행위도 교통 속에 포함한 중국 측의 해석이 오히려 더 타당성 있어 보인다. 교통을 보다 광의의 개념으로 해석할 경우, 단순하게 항구 간 이동의 의미를 지닌 'Transport'보다는 'Communication'이 더 합리적인 면이 있다. 국제 교류의 모든 업무도 교통의 행위이며 언어의 교환도 교통 행위의 일환이다. 이처럼 교통 행위란 인간이 내적, 외적으로 움직이는 모든 것을 전부 포함하는 포괄적 개념인 것이다.

교통은 우리 일상과 어떤 관련이 있을까. 교통이 이루어지는 외적 현장을 구체적으로 살펴보자. 우선 건물 내에서 움직이는 모든 행위도 교통 행위이다. 예를 들어 공장, 연구실, 관공서, 학교, 병원 등에서는 각기 다른 목적의 이동 행위가 발생한다. 공장에서는 제품의 생산 효율성을 높이기 위해 직원의 동선을 관리한다. 연구실과 사무실에서도 연구와 업무의 효율성을 위해 합리적인 이동에 관심을 둔다. 학교와 병원도 마찬가지이다. 불필요한 통행으로 각자의 역할이 방해받지 말아야 한다. 그와 같은 필요에 따라 건축 설계 시, 특히 인테리어 설계 시에는 보행 관련 교통 전문 지식이 반드시 적용되어야 한다. 각자의 업무에 특화되고 통행이 방해받지 않는 효율적인 통로 구성이 꼭 필요하기 때문이다.

교통은 군사적인 면에서도 상당히 밀접한 관계가 있다. 교통 행위가 전쟁의 승패에 결정적 역할을 하기 때문이다. 전쟁터에서는 적을 공격하기 위해 어떤 경로를 어떤 방법으로 이동하는가가 매우 중요하다. 역사적으로 우리는 전쟁 무기와 병력의 이동 루트 선정이 얼마나 적절한가에 따라 전쟁의 승패가 갈리는 경우를 많이 보았다. 또한 전쟁 식량과 탄약 등의 운반 경로를 적군의 감시망에서 철저히 보호하고 유지하는 것은 전략·전술의 중요한 부분 중 하나이다. 공중전의 중요성이 한층 커진 현대의 전쟁에서는 항공기의 성능과 관제 능력이 승패를 좌우한다. 항공기와 관제탑 사이의 실시간 통신과 정보교류의 기술 수준이 공중전에서 얼마나 중요한 요소인지는 더 이상 설명할 필요가 없다.

혈관과 교통망

교통도 뇌졸중에 걸린다. 우리 몸도 혈관이 막히거나 좁아지면 몸에 큰 탈이 생긴다. 피의 흐름이 중단되면서 영양분과 산소 공급이 끊어지기 때문이다. 뇌로 가는 혈관이 막히면 반신불수가 될 수도 있다. 심장혈관에 이상이 생기면 생명이 위독해 진다. 우리가 사는 도시에도 혈관 같은 역할을 하는 것이 있다. 바로 도로, 철로, 항로, 해로 등의 교통망이다. 혈관을 통해 영양소와 산소가 운반되듯 교통망은 사람과 온갖 종류의 화물을 실어 나른다. 한 지역으로 가는 교통망이 차단된다면 그 지역 사람들은 정상적인 생활이 불가능해질 것이다. 큰 사고가 나서 교통망이 훼손될 경우, 사람들은 부상을 당하거나 죽음에 이르기도 한다. 이런 측면에서 본다면 교통망은 도시의 구성 요소 중 인간의 기본적인 생명권을 보장하는 매우 중요한 요소이다.

교통 혼잡이나 교통 정체 현상을 영어로 'Traffic Congestion'이라 부른다. 이 말은 참 재미있는 의미를 담고 있다. 의학에서 'Congestion'이란 '충혈'이나 '울혈'을 뜻한다. 충혈과 울혈은 염증이나 외부자극으로 몸의 한 부분에 피가 한꺼번에 몰린 현상이다. 교통 혼잡(Traffic Congestion)도 교통망의 일부가 병목처럼 줄어들면서 차가 비정상적으로 모여든 현상을 뜻한다. 혈관과 교통망이 동일시되는 흥미로운 표현인 것이다. 교통정체 현상이 장기간 지속되면 주변 교통망으로 악영향이 미친다. 우리 몸도 충혈이 발생한 것을 방치하면 다른 조직이나 기관에 나쁜 기운이 전이된다. 교통망은 여러모로 혈관과 유사한 면이 있다. 인간의 몸에서 혈관이 해내는 역할을 생각해보면 도시에서 교통이 차지하는 위상과 중요성을 쉽게 이해할 수 있다.

우리 몸의 총 혈관 길이는 얼마나 될지 생각해 보자. 무려 약 12만㎞ 정도나 된다고 한다. 이 길이는 피가 몸 내부에서 원활하게 순환하기에 적절한 규모로 알려져 있다. 도시의 교통망 역시 혈관처럼 적정 규모로 설계되고 운영된다면 정체나 사고 같은 불상사 없이 원활한 소통이 이루어질 것이다. 하지만 어떤 규모와 수준이 도시의 적정 교통망인지 알아내기는 쉽지 않다. 도시의 인구나 화물의 패턴은 시시각각 변한다. 고정되지 않은 대상을 놓고 적정 규모를 찾아 운영한다는 것은 점점 힘든 일이 되어가고 있다.

우리나라 도로의 전체 연장은 우연히도 우리 몸의 혈관 길이와 거의 비슷한 약 11만㎞이다. 그에 비해 일본은 120㎞, 미국은 655만㎞, 독일은 64만㎞에 이른다. 물론 이러한 절대 수치를 단순 비교하여 도로의 규모가 적정한지 여부를 판별할 수는 없다. 그러나 각 나라의 인구와 자동차 보유 대수를 감안하여 비교하면 우리나라 도로는 아직 국토의 혈관인 교통의 연장이 턱없이 부족한 실정이다. 아래 도표를 보면 좀 더 쉽게 이해할 수 있다.

	한국	일본	미국	독일
도로연장(㎞)	107,527	1,207,867	6,545,839	643,969
면적(㎢)	100,284	377,940	9,831,510	357,110
인구(천명)	51,529	126,552	307,687	82,405
도로보급률	1.50	5.52	3.76	3.75
자동차대수(천대)	21,803	75,815	270,566	49,286

*도로 보급률 = 도로연장 / $\sqrt{\text{인구} \times \text{면적}}$

*국가 교통 DB, 한국교통연구원, 2017, 한국자동차산업협회, '세계 자동차 통계 2017'

인구와 면적을 감안하여 도로의 연장을 비교한 도로 보급률은 우리나라가 1.5이다. 일본과 비교하면 약 4배 가까이 부족하다. 미국이나 독일과 비교해도 2배 이상 열악하다는 사실을 알 수 있다. 인구 대비 자동차 대수도 다른 나라들이 최소 60% 이상을 나타내는 데 반해 우리나라는 약 40%에 그치고 있다. 이처럼 도로를 활용하는 수단이 모자라 도시에서 사는 사람들의 이동성이 상대적으로 떨어지고 있다. 도로가 부족하다는 것은 차량 대수 당 움직일 수 있는 공간이 협소하다는 의미이다. 그만큼 교통 정체나 사고가 발생할 확률도 높아진다. 자동차뿐 아니라, 철도망, 항공망, 해운망 역시 아직 규모나 운영 효율성 면에서 미흡하다. 교통 수요가 점점 늘고 있는 우리 현실을 고려하면, 전반적인 교통네트워크의 부족은 도시의 인구와 화물이 원활하게 이동되지 못하는 근본적 원인이 되고 있는 것이다. 그러나 교통 인프라의 확충이 그리 쉬운 일은 아니다. 국가적 차원에서 새로운 교통망을 건설하려면 다른 부문의 여건과 예산도 세밀하게 검토해야 하기 때문이다. 적정한 인프라의 운영은 일상생활과 경제활동이 원활해지도록 돕고 도시의 수준을 높이는 데 기여한다. 반대로 도시의 규모와 경제가 발전하면 교통 인프라도 늘어나 도시민의 경제활동과 일상생활이 더 순조로워진다. 서로 순환적인 행태를 띠는 것이다. 이러한 선순환 구조를 만들기 위해서는 우선 교통 수요와 공급 예측에 대한 정확하고 광범위한 연구가 선행되어야 한다. 그리고 그에 따른 선도적인 정책 집행이 필요하다.

우리 주변의 실례를 살펴보자. 지방자치제와 함께 우리나라 각 지역의 도시에서는 새로운 교통 인프라를 줄곧 건설해왔다. 그로 인해 통행이 원활해지면서 지역 개발이 앞당겨지는 효과를 보았다. 얼마 전에는 평창올림픽을 위해 동서축의 철도와 도로가 완공되었다. 이것은 앞으로 주변 지역의 경제 활성화에 크게 기여할 것으로 확신한다. 교통시설물의 확충이 통행 시간을 감소시키고 통행량을 증가시킬 것이기 때문이다. 이처럼 도시의 생활은 그 도시의 교통 인프라와 서로 떨어질 수 없는 관계이다.

새로 짓기보다 있는 시설을 활용하자는 개념으로 접근해보자. 최근 대도시에서는 건설비용이 부담되어 새로운 교통 인프라를 늘리기 어려워졌다. 그에 따라 기존 시설물 활용을 극대화하는 방안이 활발하게 연구되고 현실에도 적극적으로 반영되기 시작했다. 구체적인 방법을 알아보자.

① 교통정보체계의 활용

과학적인 교통정보체계의 활용이 그 대표적인 예이

다. 전자통신기술의 발전으로 교통네트워크에서 한 경로가 막히면 다른 경로를 안내해주는 기술이 가능하게 되었다. 새로운 시설물의 건설보다 훨씬 적은 비용이 든다는 장점이 있어 점차 효율적인 교통정보체계가 확장되어가고 있다고 볼 수 있다. 네트워크상 과잉교통량과 교통사고로 인해 막힌 경로에 더 차량을 보내지 않고 다른 경로로 분산시키는 것은 교통 문제해결의 핵심 개념이다. 교통 정보체계를 이용하면 차량과 관제시설 사이의 정보 교류를 통해 실시간으로 경로를 선택할 수 있다. 도로의 교통정보 활용은 새로운 도로를 건설하지 않고도 도로의 소통이 원활해지는 효과가 있는 것이다.

② 시설물 운영방식의 변경

시설물의 운영방식을 변경하여 기존 시설물을 최대한 활용할 수 있도록 한다. 교통량의 특성과 운전자의 선호도를 감안하여 교통 운영체계를 변경하는 것이다. 예를 들어 일방차로 방식이 있다. 도로에 차량이 많고 도로망이 격자형일 경우, 차량의 통행을 한 방향으로만 허용하여 상충 횟수를 줄이고 통행속도를 높이는 방식이다. 일방차로 방식은 현재 세계 주요 도시들에서 성공적으로 활용되고 있다.

가변차선제도 가능하다. 이 방식은 주로 출퇴근 시간대처럼 교통량이 명확한 방향성을 지닐 때 사용된다. 양쪽의 차선 숫자를 똑같이 나누어 균형 있게 운용하는 게 아니라 교통량이 더 많은 방향으로 더욱 많은 차선을 제공하는 방식이다. 그 외에도 교통체계를 조정하여 시설물을 최대한 이용하는 여러 방법이 있다. 그런 새로운 방식들이 효과를 얻으려면 반드시 해당 지역의 교통량과 통행 특성을 고려해야만 한다.

③ 연결로 설치를 통한 분산

고속도로에서는 한 방향으로 나란히 두 개의 고속도로가 운영되기도 한다. 이때 한 고속도로는 정체 중이지만 같은 진행 방향의 다른 도로는 원활하게 소통되는 경우가 발생한다. 우리나라에서는 중부고속도로에서 그런 일이 자주 발생한다. 꽉 막힌 도로 위에 있는 운전자들은 바로 옆 도로에서 차량이 쌩쌩 달리는 모습을 보게 되면 심리적으로 몹시 답답해진다.

이 경우, 도로와 도로 사이에 연결로를 만들면 정체 중인 도로에서 순행 중인 도로로 쉽게 이동할 수 있도록 한다. 연결로는 구간 규모에 따라 추가로 설치할 수 있기 때문에 당분간은 새로운 도로의 건설 없이 교통 정체 문제를 해소한다는 장점이 있다. 이렇게 분산개념을 시의적절하게 적용하면 기존시설물의 활용도가 크게 높아진다.

교통은 발이 넓다

교통 분야에 약 30년 가까이 종사하면서 줄곧 절감하는 것이 교통은 참 발이 넓은 분야라는 점이다. 미국에서 막 공부를 마치고 돌아와 한국교통연구원에 재직할 때 당시 국가 대형 교통시설물 계획 사업에 참여하고 있었다. 한창 일에 열중하고 있는데 갑자기 방으로 낯익은 사람이 들어와 깜짝 놀라 자세히 보니 TV에서나 볼 수 있었던 한 유명 정치인이었다.

필자가 그때 맡았던 업무의 특성 때문이었다. 국가 대형 교통시설물 계획 사업은 국가의 기간 교통망을 만드는 일이다. 다양한 정부부처의 공무원들은 물론이고 국회의원들에게도 큰 관심사였다. 덕분에 그 일을 하는 동안은 정치 계통의 사람들과 심심찮게 만날 기회가 많았다. 그런 경험으로 교통 분야가 행정이나 정치 분야와도 밀접한 관련이 있다는 사실을 실감했다.

재미있는 것은 교통을 연구하는 사람 중 경제학을 전공한 이가 많다는 사실이다. '교통'하면 자동차나 비행기를 떠올리는 사람들이 대부분이다. 교통과 경제학이 무슨 관계가 있을까 싶겠지만, 교통시설은 대표적인 사회간접 자본이고, 건설에 천문학적 예산이 들기도 한다. 경제적인 타당성이나 재무 분석이 당연히 필요하다. 경제적인 지식이나 경험은 교통사업을 수행하는 데 많은 도움이 된다. 필자 역시 업무수행을 위해 학교에서 한 번도 배운 적이 없는 생소한 경제학 관련 지식을 서둘러 배워야 했다. 교통은 정치와 경제뿐만 아니라 문화와도 연관성이 있다. 문화는 한 사회의 삶의 수준을 알 수 있는 잣대란 말이 있다. 그런데 그 문화 수준을 가늠할 때는 교통을 이용하는 행태가 기준이 될 수도 있다. "어느 나라에 갔더니 교통 매너가 참 훌륭하더라" 혹은 "정말 엉망이더라"고 표현하며 그 나라의 문화 수준을 평가하곤 한다. 특히 이웃 일본은 교통문화에 관해 이야기를 할 때 빠짐없이 등장한다. 교통질서를 잘 지키는 운전자와 보행자, 붐비는 지하철에서도 교통 매너를 잃지 않는 예의바른 모습을 보면 부럽기도 하다. 문화라는 큰 범주 안에 교통시설이나 교통서비스, 사람들의 교통 인식이나 교통행태가 포함되는 것이다.

교통이 얼마나 우리 일상에 깊이 파고들어 와 있는지는 아마도 교통 민원을 대하는 사람들이라면 누구나 잘 알 것이다. 필자도 서울시에 근무할때 교통 민원을 숱하게 받아봤다. 교통에 대한 불편함을 호소하는 시민 대부분은 교통시설이나 교통서비스로 인한 불편 때문에 일상생활과 업무에 큰 지장을 받고 있었다. 어떤 때는 교통 시설물 현장에 나가 격앙된 시민의 민원을 해결해야 했던 적도 있다. 고성과 욕설이 난무하는 민원 현장은 여러 직업에 종사한 경험이 있는 필자에게도 당황스러운 곳이었다. 두근거리는 마음을 가라앉히면서 시민의 고충 하나하나를 이해하려고 노력하면서 교통이 얼마나 시민 생활과 밀접한지 몸으로 체감했던 계기가 되었다.

가끔 방송 패널로 출연하여 교통 문제와 정책에 대해 전문가로서의 의견을 개진할 때도 있었다. 교통학을 공부할 때는 필자의 전공이 방송 언론과 연관이 있으리라고는 전혀 예상하지 못했다. 하지만 우연찮은 계기로 방송에 참여해보니 교통과 방송 언론 분야는 반드시 협력이 필요한 관계라는 것을 깨닫게 되었다. 교통은 태생적으로 공공성과 대중성이라는 특성을 지니고 있다. 그런 면에서 방송과 상통하는 면이 있다. 또한 교통수요자인 국민의 알 권리를 충족시키고 올바른 교통문화를 전파하기 위해서는 방송과의 협업이 필수적인 것이다. 방송 역시 시청자의 일상에서 가장 중요한 요소 중 하나인 교통 관련 정보를 다루기 위해서는 교통전문가의 도움이 필요하다.

그 외에도 교통은 기본적으로 공학의 전체 분야 및 첨단과학기술 발전과 뗄 수 없는 관계이다. 법학, 의학, 역사학, 지리학, 사회학, 행정학, 경영학, 심리학, 건축학, 디자인, 스포츠, 호텔관광학 등 인문사회과학 전반과 예술, 사회 전반의 산업 등과도 깊은 관련이 있다. 심지어 우리네 인생과도 유사한 점이 있다. 도대체 어떤 관계가 있는지에 대한 궁금증은 책을 차분히 읽어나가다 보면 차츰 풀릴 것이다. 그동안 교통은 다른 분야와 상생 협력을 통해 사회 발전에 많은 성과를 이뤄왔다. 그러나 이제는 교통 분야가 국민의 안전과 생활을 선도적으로 책임지고 국격을 높이는 데 주도적 역할을 해야 할 시점이다. 국민의 안전한 이동과 신속하고 편리한 통행은 교통의 궁극적인 목표이다. 아무리 사회의 다른 분야들과 교통이 큰 연관성이 있다고 해도 교통의 목표 달성을 위한 조력자일 뿐이다. 교통이 다른 분야와 협력할 때는 업무의 협력 연계 부분을 분명하게 구분해야 할 것이다. 그리고 무엇보다 교통이 해결해야 할 목표를 우선적으로 지향하며 추진할 필요가 있다. 우리의 생명과 재산을 교통지옥으로부터 보호하는 일이 다른 무엇보다 우선이기 때문이다.

대부분의 정책입안자는 교통전문가의 분석과 연구 결과에 귀를 기울이지 않은 채 기존 정책의 틀을 답습하며 시행착오를 되풀이하고 있다. 국민의 안전과 생명의 보호보다는 집단의 이기심과 정치적인 이익만을 따져 정책의 방향이 결정되고 예산이 집행된다면 교통의 진정한 목표 달성은 요원한 일이 될 것이다. 언젠가 교통선진국의 관공서에서 만났던 한 공무원이 기억난다. 그는 30년 이상을 아무도 알아주지 않는 말단으로 근무하며 교통 관련 업무를 맡고 있었지만, 한 교통전문가로서 국민에게 봉사하고 나라에 기여하고 있다는 자부심을 갖고 성실히 업무에 임하고 있었다. 그의 모습을 보면서 우리는 아직 갈 길이 멀다는 자괴감이 들었었다. 우리 사회가 그가 가진 진정성의 단 몇 퍼센트만큼이라도 교통문제의 해결에 관심을 쏟았다면, 아마도 지금과 같은 심각한 교통 혼잡과 교통정체 문제는 일어나지 않았을 것이다.

교통은 첨단과학과 인류 문명의 결정체이다

사람들은 손쉽게 자동차를 운전한다. 자동차는 이제 생업과 생존을 위해 없어서는 안 될 존재가 되었다. 하지만 우리는 자동차에 대해 의외로 모르는 게 많다. 한 대의 자동차가 도로 위를 달리기 위해서는 어떤 과정을 거쳐야 하는지 아는 사람은 많지 않을 것이다. 자동차가 도로에서 운행되려면 수많은 분야의 협력이 필요하다. 우선 자동차를 만드는 과정부터 살펴보자. 자동차는 과학과 공학의 총체적 경험과 지식의 결정체이다. 물리학, 화학 같은 기초 과학은 물론 기계공학, 화학공학, 재료공학, 산업공학, 전자공학, 컴퓨터공학 등 온갖 공학 분야가 총동원된다. 또한 지금은 자동차의 성능 못지않게 디자인이 중요한 시대이다. 외장과 내부 디자인이 차량 선택에 더 많은 영향을 주기도 한다. 자동차는 산업디자인의 꽃으로 불린다. 그런 만큼 예술 관련 전문가들이 자동차 제작에 깊이 관여하고 있다. 앞으로도 이러한 디자인경쟁은 더욱 치열해질 것이다.

그런데 그게 다가 아니다. 자동차가 주행하는 도로와 주변 시설물을 만들기 위해서는 토목공학, 건축공학, 안전공학, 산업공학 등의 기술과 경험이 필요하다. 게다가 도로는 공공시설물이므로 정부의 예산을 투입하여 구상되고 계획되며 설계와 건설이 이루어진다. 이때 제일 먼저 도로 건설의 타당성이 행정적,

정책적 관점에서 분석되어야 한다. 그러한 작업을 위해 도로 건설의 재정적, 환경적, 사회학적인 영향 검토가 관공서와 연구원에서 수행되며 도로의 효용 가치를 최대한 높이기 위해 노력한다. 자동차가 본격적으로 도로를 달리기 위해서는 반드시 교통법규가 필요하다. 도로를 사용하는 기준과 법규가 없다면 무법천지가 될 것이다. 교통법규 위반에 대한 처벌도 법 조항으로 명확하게 규정해야 한다. 그래야 자동차가 안전하게 운행될 수 있다. 자동차 운행의 기준과 원칙은 변화하는 사회적 여건과 환경에 따라 지속적으로 개선되고 있다. 교통행위와 관련된 모든 사람에 대한 형평성을 기하기 위해서이다. 차량 통행이 잦아지고 사고 발생이 늘어남에 따라 교통 전문 법률가의 활용도도 높아지고 있다. 이처럼 자동차를 제대로 운영하고 관리하려면 다양한 분야가 관여해야 한다.

그렇다면 지하철의 경우는 어떨까. 지하철은 도시의 주요 지점들을 연결하여 더욱 더 많은 사람의 원활한 통행을 보장하는 게 목적이다. 그런 목적에 충실한 지하철 건설을 위해서는 얼마나 많은 사람이 각각 어떤 루트로 지하철을 이용할지 먼저 예상해야 한다. 교통공학에서는 여러 가지 사회경제적 여건을 분석하고 다양한 수요 예측 방법으로 장래 교통 수요를 계산한다. 교통시설물에 대한 국가나 지자체의 재정적 투자에 따른 수익구조도 따져보게 된다. 이 과정에서 수학은 물론 경제학, 통계학적 지식이 필요하다. 지하철역의 위치를 결정하고 구간을 연장할 때도 다양한 분야에서 치밀한 머리싸움을 해야 한다. 도시의 주거구조와 사회경제 여건, 그리고 승객이 어떤 것을 더 좋아하는지도 살펴본 후 계획을 세우게 된다. 여기엔 부동산학, 도시계획, 경제학 분야에 대한 통찰이 필요하다. 열차의 성능을 높이고 디자인을 결정하기 위해서는 기계, 전자, 물류, 산업공학, 산업디자인, 경영학 등의 분야가 관여한다. 이렇게 기본 계획을 세운 후에는 여러 가지 의견을 듣고 관련 규정을 살펴보게 된다. 성공적인 지하철 운영을 위해서는 관공서의 규정, 시민과 언론의 의견, 교통전문가의 의견을 지하철 건설과 운영계획에 반드시 포함시켜야 한다. 정치적인 대립도 무시할 수 없다. 지하철 건설과 운영 계획에 차질을 주는 경우가 발생할 수 있기 때문이다.

환경에 대한 영향과 문화적 측면의 고려 등 주변 상황에 대한 검토도 필수적이다. 노선이 통과하는 곳의 자연환경이나 문화재 훼손 여부도 충분히 점검해야 한다. 또한 도로의 건설 계획이나 운영실태 등 다른 교통수단의 현황도 철저히 감안해야 한다. 각종 관련 교통시설물의 계획과 추진 사항이 제대로 반영되지 않으면 지하철 운영이 난관에 빠지는 경우가 생긴다. 경전철이 그 좋은 예이다. 현재 경전철은 승객 수요가 부족하여 운영이 중지되거나 폐지되는 어려움을 겪고 있다. 경전철이 완공될 즈음 그와 비슷한 구간의 주변 도로들도 완성되어 승객이 분산되면서 계획 당시 예측했던 승객수보다 훨씬 규모가 줄어든 때문이다. 철도는 궤도 위에서만 운행되는 특성이 있어 한 번 건설하면 노선을 변경하지 못하기 때문에 장래 승객 예측에 신중해야 한다.

비행기의 운항 역시 다양한 첨단 분야들과 연관되어 있다. 그 중에서도 현대물리학, 전자공학, 우주공학, 인공지능학, 재료공학 등은 비행기를 만들고 조종하는 것과 밀접하게 연관된 분야이다. 대기 중에서 빠르고 오랫동안 날기 위해서는 기체가 가벼워야 하고 공기저항과 각종 충격에 견딜 수 있을 정도로 튼튼해야 한다. 또한 조종사의 실수로 인한 사고를 막기 위해 첨단계기에 의한 안전 운항이 필요하다. 항공 분야에서는 그러한 제작과 조종의 안전성을 향상시키려는 연구개발이 진행 중이다. 그 과정에서 물리학적 이론과 각종 첨단 공학의 융합이 이루어지고 있다. 승객의 서비스와 관련해서도 여러 분야의 협업이 필요하다. 항공권 관리, 화물운송, 항공기와 승무원 운항 스케줄 등의 업무에는 전자공학, 컴퓨터공학, 산업공학, 물류공학 등이 복합적으로 연계되어 있다. 작은 오차로도 정상 비행에 큰 장애가 올 수 있기 때문에 새로운 경영관리기법과 기술이 끊임없이 개발·적용되고 있는 것이다.

이와 같이 교통은 각종 학문과 사회전반을 포괄하는 융합적인 특성이 있다. 유사 이래 인류가 이루어온 학문적 성과와 과학 기술의 발전, 총체적 삶의 양식이 녹아있는 문명의 결정체라고 해도 과언이 아니다. 이제 교통은 광범위한 여러 분야들을 통괄하는 거대한 전문분야로 새로이 거듭나야 할 것이다.

도로 위의 가장 큰 변수, 운전자 심리

요즘 우리는 무인 자율주행 자동차(Autonomous Vehicle)의 등장에 큰 관심과 기대를 보이고 있다. 무인자동차는 말 그대로 운전자 없이 자동차 스스로 운행하는 차량이다. 도로 위의 모든 자동차는 프로그래밍 되어 있는 똑같은 원칙과 방식대로 움직이게 된다. 주행하는 동안 끊임없이 단거리 통신을 통해 자동차와 자동차 사이, 자동차와 관제센터 사이에 실시간으로 데이터를 주고받는다. 앞차가 정지하면 내 차도 정지하고 앞차가 달리면 내 차도 달리는 식으로 미리 정해진 일정 범위의 간격을 유지한다.

현재 자율주행 자동차의 개발은 BMW, 아우디, GM, 닛산 같은 전통적인 자동차업계뿐 아니라 구글, 애플, 아마존 등의 IT 업체가 경쟁을 벌이고 있다. 한쪽은 자동차라는 하드웨어를 만들어온 역사와 노하우를 바탕으로 하고 있다. 반대로 다른 쪽은 소프트웨어 개발의 창의성을 자동차로 구현하기 위해 노력 중이다. 업계에서는 2020~2030년 사이에 자율주행 자동차를 출시한다는 계획을 밝히고 있다. 우리가 자율주행 자동차에 이처럼 열광하는 이유는 아마도 운전에 대한 부담 때문일 것이다.

앞에서도 언급한 것처럼 도로 위 자동차를 움직이는 운전자는 각기 다른 욕구, 의지, 능력을 지니고 있다. 나이, 직업, 건강상태도 모두 제각각이다. 더불어 저마다 다른 심리상태로 운전대를 잡는다. 그렇게 다양한 특성과 여건 때문에 도로 위 자동차가 차량 사이의 간격과 속도를 일정하게 유지하긴 힘들다. 차량이 많아 교통 혼잡이 극심하고 사고가 자주 나는 대도시에서는 운전자의 부담이 더욱 커진다. 운전자가 매 순간 달라지는 복잡한 교통상황을 제대로 인지하고 판단하여 대처하지 못한다면 자칫 큰 사고로 이어지기 쉽다. 특히 노화로 인해 상황 인지능력과 판단력, 신체 반응이 현저히 떨어지는 고령 운전자의 경우, 급박한 교통상황에 빠르게 대처하기 힘들다. 비고령자 역시 일시적인 기분과 심리 상태에 따라 도로에서 시시각각 변하는 교통여건에 탄력적으로 대응하지 못할 때가 많다. 미국에서 교통사고를 유발한 운전자의 특성을 분석해본 결과, 젊은층과 젊은 여성의 비율이 가장 높게 나타났다. 젊은 에너지로 인한 난폭 운전과 운전이 미숙한 경우가 상대적으로 더 많은 사고를 일으키는 것이다.

운전자의 심리는 수천만 가지 형태로 다양하다. 모든 운전자가 현실적으로 똑같은 심리상태에서 운전할 수는 없다. 우리나라처럼 짧은 시간 안에 수많은 국민이 자동차를 소유하고 생활의 필수품이 된 경우에는 좀 더 복잡한 양상을 보일 가능성이 크다. 올바른 운전문화에 대한 사회 전반의 분위기가 채 무르익지 못한 상태에서 자동차 수만 급격히 늘었기 때문이다. 우리나라 사람들은 아직도 도로의 전반적인 안전보다는 본인의 신속한 이동에만 집중하는 경향이 있다. 교통질서와 법규를 제대로 지키는 것이 도로 위 모든 차량의 안전과 신속한 통행을 보장한다는 사실을 잊고 있다. 우리나라 운전자의 그러한 심리 상태는 교통선진국과는 큰 차이를 보인다. 우리보다 오랜 시간 동안 안전 운전 방법을 몸으로 체득해온 그들은 교통질서와 법규를 지키는 것이야말로 운전자의 안전을 보장하고, 보다 신속하게 원하는 목적지에 도달한다는 것을 잘 알고 있는 것이다. 수많은 시행착오 끝에 제대로 된 운전자의식과 기술을 습득한 진정한 운전 고수인 것이다.

그에 비해 빨리 갈 수만 있다면 모두가 지켜야 할 법규를 슬쩍 건너뛰곤 하는 우리는 아직 제대로 된 운전을 못하고 있다. 운전자의 법규와 질서위반을 방지하고 도로의 정상적인 운영을 위해 위반 차량에 대한 단속과 계도가 끊임없이 이루어지고 있다. 하지만 임의적이고 일시적인 단속만으로는 도로의 질서를 바로잡기 힘들다. 운전자 심리는 단기간에 바뀌지 않는다. 그런데도 자동차의 운행이 계속 이루어지고 있는 한 도로의 안전은 반드시 보장되어야 한다. 그런 딜레마를 해결하려면 우선 운전자 심리를 반영하여 교통시설물을 운영하고 유지방식을 조정해야 한다.

예를 들면 운전자에 대한 정기적인 운전능력 점검은 반드시 필요하다. 고령 운전자의 경우, 현재 정기 적성검사를 통해 운전 가능 여부를 자주 점검하고 있다. 이는 도로의 안전도를 높이고 안전한 운전 환경을 만들기 위한 것이다. 고령자를 포함한 운전자의 드라이브 능력검사는 실제로 도로의 운전환경을 크게 개선하는 효과가 있다. 또한 앞서 예로 든 미국의 경우와 같이 우리도 앞으로는 특정 연령대의 운전자에 대한 철저한 관리가 필요하다. 또한 적성검사의 기준을 대폭 강화하는 방향으로 제도를 재조정하고, 자동차 안전장치나 도로의 안전시설물도 확충해야 한다. 그와 동시에 학교나 직장에서 안전의식과 바른 교통문화에 대한 지속적인 교육과 캠페인을 하는 것이 바람직하다.

교통심리 분야는 아직 우리에게는 생소하다. 전자제어장비나 컴퓨터 내부의 네트워크 회로는 도로보다 훨씬 복잡하고 관리가 어렵다. 반면에 일정한 원칙에 따라 명령이 전달되기 때문에 빠른 시간에 일관성 있게 회로를 작동시킬 수 있다. 그에 비해 운전자는 각자의 심리 상태에 따라 다른 행태로 움직인다. 충돌이 발생하고 도로 전체 네트워크가 작동하지 못하는 경우도 있다. 한번 사고가 나면 도로와 자동차가 정상화되기까지 많은 시간이 걸린다. 교통사고가 교통정체를 부르고 교통정체는 다시 교통사고를 유발하는 악순환을 반복하게 된다.

전자제어 장비보다 간단해 보이지만 실제로는 훨씬 복잡하고 수많은 변수가 존재하는 곳이 바로 도로망이다. 그러한 변수는 다름 아닌 운전자 심리에서 기인한다. 그러므로 도로를 무인 자율자동차가 다니는 컴퓨터 회로처럼 운영하기 위해서는 운전자 심리에 대한 세밀한 연구가 필요하다. 운전자를 특성별로 분류하여 사고를 줄이는 다양한 방법을 개발하여야 한다. 이를테면 도시마다 운전자 특성이 다르게 나타날 경우가 있다. 그럴 때는 그 지역 운전자에게 적합한 도로 환경을 조성해주면 사고를 줄이는 데 도움이 될 것이다. 어떤 지역이 학생이 많은지 아니면 산업

근로자가 많은지, 혹은 젊은 운전자나 노인 운전자가 많은 곳인지에 따라 대응 방법도 달라져야 한다. 대도시인지 중소도시인지에 따라서도 차이가 있을 것이다. 그러한 분석에 따라 각 지역의 교통시스템과 정책관리를 지역 맞춤형으로 전환하고 운용하는 것이 바람직하다.

최근에는 운전자의 기분을 안정적으로 유지해주는 조명과 음악, 향기 등이 자동 조절되는 장치가 개발되었다. 자동차 내 졸음방지 장비와 운전자가 편하게 쓸 수 있는 작동 장치들도 계속 만들어지고 있다. 차량이 학교 주변이나 공사 구간을 지날 때, 운전자의 부주의나 경각심을 일깨우기 위한 시설물과 장치도 있다. 도로 위의 요철이나 표지판, 신호등, 현재 속도 표시 장비 등 도로 위 추가시설물과 차내 경고 장치 등이 그런 것이다. 이런 것들이 운전자 개인의 특정 심리를 넘어 자동차 밖 상황과 위험을 손쉽게 알아챌 수 있게 하는 적극적인 보완 장치들이다.

필자가 미국에서 운전할 때, 특정 시간대에 학교 주변을 지날 때면 모든 차량이 갑자기 속도를 줄이는 모습이 매우 인상적이었다. 모든 차들은 앞에 지나가는 사람들이 없을 때조차도 초저속으로 운행했다. 등하교 시간에는 학교 앞에서 운행 제한속도가 50% 이상 감소되는 규정 때문이다. 그런 규정을 철저히 지키는 것이 그곳에선 당연한 일이었다. 그런 분위기에서 얼마간 살다 보니 필자도 운전을 천천히 하는데 익숙해졌다. 그런데 한국에 돌아와서는 또다시 학교 앞에서 속도를 줄이는 것이 어색해졌다.

우리에겐 그런 문화가 아직도 정착되지 않은 것이다. 그들과 우리의 사회 풍조가 다른 이유는 우선 강력한 단속이다. 그리고 그들은 운전 중 본인의 기분이나 의지와는 상관없이 주어진 규칙을 철저히 지키는 것이 몸에 배어있다. 누가 시키지 않아도 자발적으로 그러한 행동이 가능하게 된 것은 어린이 보호에 대한 학교와 사회의 지속적인 교육 효과 때문이라고 생각한다. 그와 함께 운전자의 교통 심리를 정확히 간파한 교통 운영기술 덕분에 어린이 보호라는 궁극적인 목적을 잘 실천하게 된 것이다.

현재 운전자 심리를 반영한 기술개발에서 앞서가고 있고 활발한 연구가 진행되고 있는 분야는 항공 장비이다. 비행기 기체 내의 조종 장비들은 조종사의 심리를 반영하여 조종 장치의 위치가 결정된다. 실내 다른 장비들도 그에 맞게 최적화되어 있다. 이처럼 운전자 심리를 지속적으로 연구하여 그에 맞는 교통계획을 세우고 운용하는 것은 아직 운전문화가 확립되지 않은 우리 현실에서 단기간에 교통문화를 개선하고 도로의 안전을 향상시키는 가장 효과적인 해결책일 것이다.

교통과 인생의 유사점

교통과 인생은 서로 비슷한 점이 많다. 우선 출발지에서 목적지를 향해 간다는 공통점이 있다. 교통이란 본래 출발지와 목적지 사이를 이동하는 일이다. 인생도 세상에 태어나는 순간을 출발지로 하여 죽음이라는 목적지에 도달하며 끝을 맺는다. 둘 다 결국은 어딘가에 도착해서 끝이 나지만 그러한 결과보다 중간의 경로를 어떤 식으로 채워나갔는지에 따라 그 가치가 결정된다. 결과보다 과정이 중요한 것이다. 그리고 그 과정은 결과에 지대한 영향을 미친다. 교통과 인생이라는 긴 여정에서 경로를 어떻게 선택하고 겪어냈는지에 따라 순탄하게 목적지에 도착할 수도 있고 악전고투를 벌일 수도 있다. 도착하는 시간이 달라지기도 한다. 교통의 경로에서 혼잡과 사고를 만나게 되면 피곤하고 힘든 상태로 목적지에 도달하게 되고, 목적지까지 가는 시간도 오래 걸린다. 경로상에 아무런 문제가 없다면 순탄하고 편안한 상태로 제시간에 도착할 수 있다. 인생도 마찬가지이다. 살아가는 동안 발생하는 여러 가지 문제들은 죽음을 앞당기기도 하고 늦추기도 한다. 예기치 못한 사고가 발생하거나 병이 들면 평균보다 빨리 도착지에 다다르게 되고, 삶의 경로가 순탄하고 큰 문제가 없다면 주어진 수명을 다할 수 있다. 살아가는 과정에서 선택하거나 마주치는 순간의 경로가 인생 전반의 행과 불행을 좌우하고 최종 목적지에도 영향을 준다. 교통의 여정에는 목적지로 가는 동안 끊임없이 마주치게 되는 길과 도로가 있다. 인생의 여정에도 순차적으로 맞게 되는 삶의 시기가 있다. 집을 나가자마자 걷게 되는 길목은 인생의 첫 시기인 유아 시절에 비유할 수 있다. 본격적인 이동이 이루어지는 도로는 치열하게 삶을 살아내야 하는 청년과 장년 시절을 연상케 한다. 차에서 내려 다시 집으로 돌아오는 길목은 삶의 여정을 모두 마치고 뒤안길에 들어선 노년 시절과 같다.

이처럼 교통과 인생은 출발과 도착, 경로가 있다는 점에서 유사하다. 교통의 경로에서는 질서와 법규를 지키는 일이 중요하다. 그래야 혼잡과 사고가 없다. 교통법규와 질서를 준수하며 안전하게 운행하면 제때 무사히 도착지에 도달한다. 인생에도 지켜야 할 도덕과 윤리가 있다. 도덕성을 지키며 순리대로 산다면 죽는 순간까지 큰 탈 없이 지낼 수 있다. 만약 교통과 인생길에서 빨리 가려고만 한다면 사고와 문제가 일어날 가능성이 커진다. 운전습관과 행태를 보면 운전자의 사고 이력을 짐작할 수 있듯, 사람도 평소 살아가는 모습에서 살아온 바를 가늠할 수 있다. 언제 어떤 모습으로 목적지에 도착할지 예측되기도 한다. 그러나 인생에서 마음가짐과 살아가는 방식을 바꿀 수 있는 것처럼 운전습관과 자세도 얼마든지 바꿀 수 있다. 교통과 인생은 또 다른 같은 특성이 있다. 활발하게 변화하는 역동적 성향을 지녔다. 개인의 뜻과 의지에 따라 언제 어디든 갈 수 있고 어떤 모습으로도 변신할 수 있다. 교통수단과 이동 경로는 얼마든지 선택하고 바꿀 수 있다. 방해받지 않는 가족만의 여행을 원한다면 자동차를 타면 되고, 아련한 옛 추억을 떠올리고 싶다면 기차가 어울린다. 개인이 가고자 하는 여행의 종류와 성격에 따라 교통의 형태는 다양한 변화가 가능하다. 교통은 그렇게 항상 움직이는 것이다. 인생의 여정도 스스로 택한 길에 따라 달라진다. 어떤 직업을 선택하느냐에 따라 어느 지역에 살며 어떤 모습으로 살아갈지가 결정된다. 인생도 늘 변화를 겪는다. 이처럼 교통과 인생은 변화무쌍하게 움직이는 가능성의 존재들이다.

그러나 인생길은 본인의 선택만으로 원하는 모든 것을 이룰 수는 없다. 주변의 여건과 예상치 못한 변수들이 그 길에 영향을 주거나 방향 자체를 틀어놓기도 한다. 살다 보면 수많은 일이 발생하고 다양한 사람을 만나게 된다. 개인의 성격과 능력에 따라 과정이 변하기도 한다. 한 개인의 인생 과정에는 헤아릴 수 없이 많은 요인이 복합적으로 영향을 준다. 그 과정에서 다른 이의 도움이 필요하고 조언을 들어야 할 때도 있듯이 교통도 단독으로 행할 수 있는 게 아니다. 교통 행위가 원활하게 이루어지기 위해서는 여러 분야의 협력이 꼭 있어야 한다. 자동차가 만들어지고, 그 차가 움직이려면 도로가 놓여야 한다. 교통 분야 외에도 여러 분야의 사람들의 노력과 협조가 있어야 가능하다. 교통 행위는 다른 분야와의 융합 과정이 없으면 제대로 이루어질 수 없다. 교통과 인생은 여러 요소의 융복합을 통한 조화의 산물인 것이다. 그 안에는 인류가 만들어낸 모든 지식과 물질의 콘텐츠가 들어있다.

교통 행위를 위해서는 교육을 받아야 한다. 자동차를 운전하려면 운전 지식과 상식을 습득하고 운전 기술을 배우는 과정이 필요하다. 운전면허를 딴 후에도 재교육을 받는다. 안전한 통행을 위해 수시로 바뀌는 교통법규와 정책을 알아야 하고, 운전자 스스로 새로운 교통 환경에 적응하는 훈련도 해야 한다. 교통교육이 충분치 못하면 사고로 인해 큰 곤경에 처할 수 있고, 일상생활에도 방해글 받는다. 인생도 사회에 적응하며 살아나가기 위한 교육의 시기가 있다. 학교는 물론 가정교육과 직장의 직무교육, 사회에서의 교육과 훈련을 거쳐야 의연한 한 인간으로 독립해 살 수 있다. 교육을 잘 받으면 인생의 전 과정을 무난히 헤쳐나갈 수 있다. 제때 배우지 못하면 그것이 제약이 되어 원하는 것을 이루지 못할 수도 있다. 인간의 삶이란 어쩌면 평생이 배움의 길인지도 모른다. 사람을 만나고 직장에서 일을 해내는 것도 매 순간 배우고 익히는 과정이기 때문이다.

교육을 통해 우리는 지식이나 기술만 얻는 게 아니다. 한 사회의 문화를 습득하고 철학을 완성하며 지혜를 갖게 된다. 다양한 교통 교육으로 인해 사람들은 교통 철학을 얻고 교통문화를 몸에 익힌다. 교통 철학과 문화는 단순한 지식과 기술만으로는 풀어내기 힘든 도로 위의 문제점을 해결하는 길잡이가 된다. 교통법규와 제도가 차량 간 충돌을 피하고 원활한 교통흐름을 이끄는 역할을 하지만, 전체적인 교통질서를 유지하기엔 역부족인 면이 있다. 이를 해결하기 위해서는 올바른 교통문화와 철학이 반드시 필요하다. 차량이 정해진 순서대로 이동하고, 보행자가 부딪힘 없이 움직이려면 타인에 대한 배려와 양보, 인내심이 있어야 한다. 한 사람이 교통질서를 지키지 않아 교통사고가 난다면 부상자와 사망자가 발생하고 교통 흐름이 마비된다. 이 모든 도로 위의 일들은 교통 철학과 교통문화에 의해 좌우된다. 교통질서를 지키고 타인에 대한 이해와 공감을 갖는 일은 올바른 교통문화와 철학에 기초한다. 선진사회일수록 교통문화의 성숙도가 높다. 교통문화의 수준이 높으면 부주의한 운전행위도 적어지고 교통사고 빈도도 현저히 낮아진다. 아무리 강력하고 훌륭한 법이 있다 해도 올바른 도덕과 윤리 의식이 없다면 사회는 온갖 범죄와 사고로 혼돈에 빠질 것이다. 사회가 복잡하고 다양한 양상을 띠게 되면서 인간이 만든 법만으로는 통제할 수 없어졌다. 그러나 윤리 의식과 도덕심이 살아있다면 그 사회는 상식이 통하는 건전한 사회가 될 것이다. 모든 사회 구성원이 정상 궤도의 삶을 살 수 있게 된다. 사람들이 진정 살고 싶어 하는 세상은 강력한 법률에 따라서만 지배되는 사회가 아니다. 도덕과 윤리 의식이 법과 함께 살아있는 보다 인간적이고 안전한 사회이다.

교통과 융합된 예술과 스포츠

자동차가 많이 보급되기 전에는 "드라이브하러 간다"는 말이 달콤하게 들렸다. 자동차를 탄다는 게 영화를 보고 음악을 듣는 것처럼 근사한 퍼포먼스로 여겨졌기 때문이다. 짙푸른 바닷가 해안도로를 따라 해지는 노을 지평선을 달리는 자동차의 모습은 작품 사진 같은 감흥을 준다. 실제로 명차라 불리는 자동차들은 그 자체가 인간의 기술이 집약된 하나의 창작품이다. 자동차 마니아들은 스포츠카를 예술의 경지에 도달했다고 표현한다. 공기 저항을 최소화한 공학적 설계, 외장과 실내의 세련된 모습은 기술과 창의가 어우러진 작품으로 평가받고 있다. 요즘은 일반 승용차도 그 모양새에 감탄이 나올 때가 있다. 비행기나 선박도 자동차 못지않다. 정교한 기술과 성능, 미적 감각을 갖춘 디자인은 인간이 만든 걸작품이다. 세계 곳곳에서 주행 중인 고속철도 역시 첨단기술을 입힌 디자인 작품으로서의 가치를 지닌다. 대부분의 교통수단은 바람의 저항을 최소화하고 주행 속도를 최대화하도록 설계된다. 그 속에는 물리학적, 화학적 이론뿐 아니라 최첨단 소재에 이르기까지 인간이 현재까지 이루어온 모든 과학과 공학적 기술이 집적되어 있다.

교통수단을 이용할 수 있는 공항, 열차, 항만의 터미널과 부대시설 역시 각종 기술과 과학이 동원된 조각품이며 건축

작품이다. 특히 최근에 지어진 첨단 시설물들일수록 이용자의 편의성이라는 실용적 쓰임새와 더불어 예술적 가치를 추구하며 설계하고 시공하는 경향이 뚜렷하다. 교통시설물이 실용적 목적 외에도 예술품이라는 인식이 확산되고 있기 때문이다. 예술이 교통시설물과 조화되는 모습은 일상의 즐거움이 되었다.

한편 교통은 예술뿐 아니라 스포츠와도 밀접한 관계가 있다. 올림픽이나 월드컵, 각 분야 세계선수권대회 등 대형 체육 이벤트의 성공 요인 중 하나로 우수한 교통시설이 꼽힌다. 대형경기가 열리면 세계 각국으로부터 수많은 사람이 몰려온다. 경기장으로 가는 도로와 철도는 경기의 정상적 운영과 관리에 중요한 역할을 한다. 대형 이벤트를 주관하는 도시는 그에 걸맞은 새로운 교통시설물 건설을 당연하게 받아들인다. 교통시설물 건설 관련 예산과 집행은 이벤트 준비 과정의 핵심 사안 중 하나이다.

그간 우리나라는 올림픽과 월드컵 등 국제 경기를 유치하여 성공적인 결과를 얻었다. 그러한 성과에는 우수한 경기장과 선수들이 가장 큰 역할을 했을 것이다. 그러나 새롭게 건설된 철도와 도로 역시 선수와 관객의 원활한 경기장 이동을 도와 이벤트 운영의 큰 축을 담당해 왔다. 대형 이벤트가 대도시에서 열리는 경우라면, 차량을 분산시키는 적절한 교통대책도 필요하다. 예를 들어 5부제나 2부제를 시행하여 교통 혼잡과 사고를 예방하는 정책을 시행해야 한다.

교통은 본질적으로 스포츠와 닮은 면이 있다. 고대 올

림픽의 기원은 몇 가지 설이 있다. 그러나 공통적으로 달리기가 그 기원이라는 점만은 분명하다. 마라톤이 시작된 것은 BC490년에 일어난 그리스와 페르시아 전쟁 때였다. 그리스 도시국가들을 위협하던 대제국 페르시아에 맞선 아테네와 스파르타 동맹은 결국 수적으로 훨씬 우세했던 페르시아군을 물리치고 승리를 얻게 된다. 아테네가 첫 승리를 얻은 장소가 바로 마라톤 평원이었다. 페이디피데스란 이름의 병사는 기적 같은 승리의 소식을 알리려 마라톤 평원에서 아테네까지 무려 40㎞나 되는 거리를 달렸다. 그것이 오늘날 마라톤 경기의 출발점이 되었다. 최대한 빠른 시간 안에 먼 거리를 이동해야 했던 페이디피데스의 달리기는 교통의 행위였다.

결론적으로 교통은 올림픽이라는 인류 최고의 축제를 탄생시킨 근원이 된 것이다. 올림픽 종목은 대체로 달리기와 관련이 깊다. 목적지까지 누가 먼저 달려가느냐가 승리의 관건이다. 구기 종목도 예외는 아니다. 더욱 빨리 달리는 선수들이 경기에서 유리한 고지를 선점하게 된다. 교통의 목표가 신속성임을 떠올려 보면 교통과 스포츠 경기의 유사점을 쉽게 찾을 수 있다.

교통과 스포츠의 이상적인 만남이 만든 경기도 있다. 경주용 자동차를 이용한 자동차 레이스인 F1 경기이다. F1은 아직 우리나라에서는 인기가 많지 않지만, 세계적으로 수많은 사람이 열광하는 인기 스포츠 종목중 하나다. 스포츠카 경기는 교통의 신속성을 스포츠로 승화시킨 경우라 볼 수 있다. 스포츠 경기는 일년내낸 세계 곳곳에서 개최되고 있다. 장기간에 걸친 훈련과 경기에서 선수의 경기력과 신체적 능력, 컨디션 등은 경기성적을 좌우하는 가장 중요한 요인이다. 이때 여러 도시를 이동하는 교통 수단과 일정을 효과적으로 관리하는 것도 경기 결과에 적지 않은 영향을 미친다. 스포츠전문가들에 의하면 이동의 효율성은 경기의 우승에 큰 역할을 한다고 한다. 유명 스포츠선수나 팀이 개인용 비행기나 전세 비행기를 이용하는 것도 선수들의 효율적인 이동을 통한 컨디션 조절로 경기에 최선을 다하기 위한 목적이다.

또한 경영적인 측면에서도 교통마케팅과 스포츠마케팅은 서로 통하는 면이 있다. 그러나 현재 스포츠마케팅은 교통마케팅 보다 훨씬 앞서있다. 똑같이 수많은 대중을 상대로 하지만 스포츠는 앞에서 화려하게 스포트라이트를 받는 분야인만큼 마케팅도 활발히 진행되어왔다. 스포츠에서는 어떤 종목이든 마케팅이 제대로 이루어지지 않는다면 흥행에 실패하여 종목의 존재 자체가 흔들리는 어려움을 겪기 때문이다. 그에 비해 교통은 그 일상 파급력과 중요도에 비해 적극적인 마케팅에 소홀했다. 이제는 교통도 스포츠의 사례를 잘 벤치마킹해야 한다. 공격적인 마케팅으로 대중교통을 보다 효율적으로 운용해야 한다. 자율주행 자동차 등 새로운 자동차의 도입과 대중화를 서둘러 추진하는 것도 바람직하다.

교통 없는 여행은 존재하지 않는다

여행의 출발은 길 찾기부터 시작된다. 교통의 출발도 길 찾기로부터 시작된다. 요즘은 길을 찾을 때 내비게이션부터 찾는다. 내비게이션에 의존해서 운전하는 게 습관이 되어버렸다. "아는 길도 물어 가라", "돌다리도 두드려보고 건넌다"는 속담처럼 우리는 이미 알고 있는 길조차 내비게이션에 묻고 의존한다. 그만큼 내비게이션은 우리 일상에서 뗄 수 없는 필수품이 되었다.

내비게이션은 자동차 운전뿐만 아니라 보행에도 유용하다. 복잡한 도심에서 목적지까지 가는 경로를 안내하여 길 찾는 수고를 덜어준다. 특히 처음 가는 목적지에는 내비게이션이 몹시 요긴다. 내비게이션의 성능은 실시간 정보의 정확도에 달려있다. 내비게이션의 실시간 경로 안내는 운전자에게 매우 민감한 사안이다. 지도상의 같은 경로라도 교통 혼잡한 정도에 따라 소요 시간에 차이가 나기 때문이다. 도로의 혼잡 정도를 얼마나 잘 분석하고 반영하는가에 따라 출발지와 목적지를 연결하는 최적 경로가 달라진다. 그래서 우리는 도로의 혼잡한 상황을 분석하고 이를 신속히 제공하는데 적지 않은 비용과 시간을 소모하고 있다.

현재 기초 교통정보를 분석, 제공하는 곳은 공공기관과 민간 부분으로 이원화되어 있다. 각각 다른 주체가 같은 정보를 다루고 있는 것이다. 같은 기초자료로 다른 결과를 분석해내는 것은 위험하고 불필요한 일이다. 앞으로는 공공기관과 민간 부분이 서로 통합하여 정보의 일원화를 꾀하면서 정확성과 신뢰성을 높이는 것이 바람직하다.

내비게이션을 이용한 길 찾기가 끝나면 다음 순서로 교통수단을 고민하게 된다. 새로운 지역을 관광할 때 제일 먼저 마주치는 문제는 어떤 교통수단을 이용하여 움직일 것인가 하는 점이다. 관광을 위한 교통수단이 여의치 않을 경우 아예 목적지가 변경되는 경우도 있다. 그만큼 교통수단과 교통의 존재는 관광 전반에 지대한 역할을 한다. 관광은 교통과 한 몸이라고 표현할 수 있다. 가끔 주변에서 관광하는 내내 차를 탔던 기억밖에 없다는 이야기도 종종 듣게 된다. 교통수단을 적절히 선택하고 다양화하여 이동하는 것만으로 관광의 즐거움이 더할 수 있다. 유명 관광지에서는 기차, 버스, 케이블카, 선박, 산악열차 등 다양한 교통수단을 순차적으로 활용하는 모습을 쉽게 발견할 수 있다.

자유 여행을 할 때도 우리는 제일 먼저 관광안내소로 달려간다. 해당 지역의 교통편을 먼저 알아봐야 하기 때문이다. 만일 마땅한 교통편도 없고 교통정보도 얻지 못한다면 여행 일정에 큰 차질을 빚게 된다. 무작정 여행을 시작했다가 위험 지역에 갈 수도 있다. 교통편을 결정했다면 교통수단의 종류에 따라 주의해야 할 점이 있다. 관광지에서 차량을 빌릴 경우, 우선 내비게이션을 점검해보아야 한다. 한편, 여행객의 규모에 따라 같은 교통수단이라 해도 용량이 다른 차량을 결정하게 된다. 요즘 유명 관광지에 가면 다양한 규모의 버스를 접할 수 있다. 그런 점에서 여행과 교통은 자동차의 생산과도 연관되어 있음을 알 수 있다.

항공교통을 이용할 때는 공항과 비행기의 실시간 상황을 확인하여 출발과 도착에 차질이 없도록 해야 한다. 예전엔 비행기를 타면 좌석이 비어있는 모습을 흔히 볼 수 있었다. 그런데 지금은 빈자리를 찾기 어렵다. 항공 교통 부문에서 여행 수요와 비행기 좌석 용량을 예측하여 운행한다는 증거이다. 승객 수요와 비행기의 가용 좌석에 대한 예측 기술이 이전보다 훨씬 발전된 것이다. 그런 예측 기술은 수학적인 논리와 최적화 기술이 접목되어 만들어진 결과이다. 일반적으로 교통 분야에서 가장 중요한 일 중 하나가 미래 교통 수요를 예측하는 것이다. 항공교통은 그런 면에서 성공을 거두고 있다고 할 수 있다.

그에 비하면 도로의 수요 예측은 종종 어긋나는 경우가 있다. 교통 계획 당시 예측된 교통 수요와 시설물이 완공된 후 실제 교통이용자 수가 큰 차이를 나타내기도 한다. 수요가 예측보다 현저히 적다면 운영기관 입장에서는 곤혹스러울 수밖에 없다. 운영기관이 민간일 경우, 정부와 민간회사 사이에 재정적인 보조금 논의도 필요하다. 특히 주말과 주중 수요 차이가 큰 상황에서는 도로 수요에 맞춰 도로를 운영하고 관리하는 일이 쉽지 않다. 경전철도 부정확한 수요 예측으로 인한 부작용이 적지 않다. 운영기관이 재정적인 어려움을 극복하지 못하고 운행이 중지되는 사례도 있었다. 교통 수요의 적절하고 정확한 예측은 해당 교통수단

자체의 존폐에도 영향을 줄 만큼 중요한 요소이다.

이처럼 관광 또는 여행은 교통과 직접 연관이 있다. 그런데도 우리는 교통과 관광 정책을 세우거나 사업을 기획할 때 각자 다른 분석을 하고 따로 계획을 잡는다. 그 결과 구상과 계획이 실행되는 과정에서 두 분야 모두 곤경에 처하는 경우가 발생하곤 한다. 예를 들어 관광수요와 시설물은 완공되었지만 관광지를 연결하는 도로나 철도가 미비한 일이 생긴다. 두 분야의 추진 일정이 보조를 함께 하지 못하면 교통수요자인 관광객이 이동에 큰 불편을 겪게 된다. 관광과 교통이 계획과 건설 단계에서 함께 관리되고 상호 협조하는 것은 수요자 입장에서 꼭 필요한 일이다. 이른바 '관광교통' 분야라는 하나의 틀 속에서 계획이 추진되고 실행되어야 착오가 없다. 이와 같이 교통은 융복합적인 특성을 가지고 있는 것이다.

편안하고 안전한 관광과 여행을 위해서는 신속하고 정확한 실시간 교통정보를 필요로 하고, 교통 수요 예측 과정이 신중해야 한다. 관광객과 관광지역의 특성에 대한 정확한 분석을 바탕으로 최적의 관광 일정과 콘텐츠가 제시될 필요도 있다. 그것이 바로 앞으로 관광교통이 해내야 할 역할일 것이다. 더불어 관광의 즐거움을 배가하기 위해서는 다양하고 새로운 첨단 교통수단을 통한 이동이 관광 일정에 포함되어야 한다.

법과 의학 그리고 교통

우리 사회에서 의학과 법학은 상대적으로 우대받는 위치에 있다. 생명과 재산이라는 중요한 가치를 다루기 때문이다. 살다 보면 아픈 일이 생기게 마련이고, 몸이 안 좋으면 우리가 매달릴 곳은 병원과 의사밖에 없다. 그만큼 일상에서 차지하는 의학의 비중은 크고 필수적이다. 법을 다루는 분야도 마찬가지이다. 사람과 사람이 모여 살다 보면 이해관계가 얽힌 분쟁이 생긴다. 일상 속의 다툼도 법의 판단이나 중재에 의해 해결하는 것이 불문율이다. 사람이 사람답게 살려면 법의 테두리를 벗어날 수 없다. 의학만큼 법도 우리 일상생활에서 절대적인 위치를 차지한다.

그렇다면 교통은 어떨까. 중요성으로 따지자면 교통도 의학이나 법 못지않다. 교통 행위는 우리 일상생활과 뗄 수 없는 필수적인 부분이다. 교통시설물을 하나 건설하려면 천문학적인 예산이 들어간다. 운영과 유지관리에도 적지 않은 예산이 필요하다. 예산이란 국민의 세금으로 운영되는 것이다. 많든 적든 우리가 낸 세금이 교통의 편의성을 높이는데 사용되고 있다. 교통 행위는 그런 면에서 가정경제와 직결된다. 또한 교통사고로 숨지는 사람이 매년 평균 수천 명에 달하고 있다. 국민의 생명과 재산이 교통 행위에 의해 안타깝고 불필요하게 낭비되고 있다. 교통시설물의 운용과 관리가 제대로 안 될 경우에는 대규모 손실이 발생한다. 우리나라의 교통 관련 손실 규모는 다른 나라에 비해 상대적으로 높아 안정적인 대책이 시급하다. 교통 관련 비용은 크게 교통혼잡비용, 교통사고 비용, 물류비용으로 구분한다. 이런 비용을 금액으로 따져보면 국가 예산 중 매우 큰 비중을 차지한다. 그런데도 우리는 그런 비용을 너무 안이하게 생각해 왔다. 의학이나 법 이상 교통도 이제는 사회적 관심이 필요하다.

한편 교통 행위는 의료나 법률 분야와 직접 연관되어 있다. 사람들은 교통시설물을 이용하면서 거의 날마다 교통 혼잡을 겪는다. 운이 나쁘면 교통사고를 당할 때도 있다. 교통사고가 나면 생명과 재산에 심각한 상해와 손해를 입고 후유증이 남는다. 법적 분쟁에 휘말릴 수도 있다. 교통사고와 관련하여 잘잘못을 가리는 논쟁에는 법률적인 개입이 꼭 필요하다. 교통사고가 일어나면 교통법규와 관련 제도가 분쟁을 해결하는 결정적 근거와 역할을 한다. 도로교통법과 교통안전법은 교통과 관련된 대표적 법규이다. 이러한 법규는 우리나라의 현실과 교통 특성을 반영하여 지속적으로 정비되고 있다. 교통 관련 법규를 보완하고 수정할 때는 법률가, 행정 공무원뿐 아니라 교통전문가도 함께 참여하는 게 바람직하다. 그러나 우리는 아직 교통전문가와의 상호 협력체제가 제대로 구축되어 있지 않다. 정부에서 운영 중인 교통안전 관련 위원회가 있으나 유명무실하다.

그와 함께 교통보험에 관한 법규를 수요자 중심으로 재정비해야 한다. 현재의 보험료는 지나치게 높다. 교통사고 처리 과정에서 보험의 역할도 여전히 미흡하다. 무인 자동차 시대가 온다면 교통 관련 법규를 획기적으로 정비해야 할 것이다. 사람이 아닌 인공지능 운전자에 의해 작동되는 자동차들의 충돌 사례에 대한 처리 규정을 만들어야 한다. 도로의 설치 규정과 운영 원칙도 기존과는 완전히 다른 형태로 변화되어야 할 것이다.

또한 교통사고 발생 시, 신속하고 적절한 대처는 인명을 구하는 데 결정적인 역할을 한다. 평상시 늘 사고 발생을 염두에 두고 병원과 교통 당국의 협력 체제를 구축하여 운영할 필요가 있다. 운전자 심리에 대한 의학적인 접근에도 관심을 기울여야 한다. 교통 분야에서는 운전 시 운전자의 행위를 세밀하게 관찰하여 교통사고와의 연관성을 살피는 시뮬레이션 연구가 진행되고 있다. 여기에 의학 분야 연구자의 참여가 시급하다. 정신의학적인 면에서 사고방지를 위한 안정된 운전습관과 방법이 연구되어야 한다. 운전자의 피로도와 집중도를 의학적으로 분석하고 설정하여 차 안에 운전자 상태 점검 장비를 탑재할 수도 있다. 그런 장치들은 운전의 안정성을 획기적으로 높일 것이다. 대중교통 차량의 경우에도 운전자의 운전행태에 대한 의학적 분석이 필요하다. 분석 결과를 바탕으로 안전 운전을 보장하는 근무여건을 새롭게 만들어 적용하면 교통 사고율 저하 등의 효과를 가져올 것이다. 최근 급증하고 있는 고령자 운전자의 안전 운전을 돕기 위한 의학적 장비도 필수 요소다.

교통의 규모가 나날이 커지는 여건을 감안하면 앞으

로 교통과 의료, 법률 분야는 한층 더 밀접한 관계를 유지해나갈 것으로 예상한다. 교통선진국에서는 교통이 의료나 법률 분야와 긴밀한 협력을 이루어 손해와 손실을 최소화하고 있다. 교통사고 등으로 인해 피해를 보는 선의의 교통약자를 보호하기 위해서도 의료와 법률 분야의 상호 협력은 필수적이다. 그러나 아직도 우리는 약자에 대한 배려가 부족한 교통 강자가 지배하는 교통 세상에 살고 있다. 부끄럽고 안타까운 일이다. 도로 위의 모든 사람은 운전자이기도 하고 보행자이기도 하다. 바꾸어 말하면 우리 모든 국민이 교통 당사자인 것이다.

교통은 그동안 우리 사회에서 차지하는 역할과 중요도에 비해 적절한 대우를 받지 못했다. 현재 교통 업무는 지방자치단체와 경찰이 양분하여 관리 중이다. 이원화된 교통관리는 국민에게 혼란을 주고 예산과 전문 인력 관리에 큰 손실을 초래하고 있다. 업무의 효율성을 높이고 대국민 서비스의 질을 향상시키기 위해서는 반드시 하나로 통합하여 운영, 관리해야 한다. 경찰의 교통 업무를 지방자치단체로 이관하는 법과 제도의 개정으로 향후 교통 운영과 관리의 합리성을 확보하는 게 시급하다. 그 같은 법 규정의 개선은 우리 사회가 교통 문제의 중요성을 제대로 인식하고 현실의 교통 문제에 보다 적절하게 대처하는 바람직한 방안이 될 것이다. 아울러 인재들이 지금보다 교통 분야에 좀더 많이 참여한다면 고질적인 교통 문제들을 효과적으로 해결해낼 수 있을 것이다.

Part2

•

인간의 역사는 교통의 역사이다

존재하는 인간 · 움직이는 인간

인간은 영어로 'Human-Being'이라고 한다. 이는 인간의 의미에 대해 '존재한다'는 것에 비중을 두고 있는 단어이다. 존재한다는 것은 시간과 공간 속에서 '나'라는 정체성을 갖고 살아있다는 뜻을 담고 있다. 살아있다는 것은 우리가 일상에서 행하는 다양한 행동들이다. 매일 숨을 쉬고, 밥을 먹고, 잠을 자고, 일을 한다. 운동을 하고 여가를 즐기며 생각하고 토론도 한다. 그 모든 행위의 총합을 '살아있다'고 표현하는 것이다. 인간의 역사를 살펴보면 20세기 이전까지는 그러한 행위들이 주로 주어진 좁은 공간이나 지역에 국한되어 있었다. 하지만 20세기 이후 자동차, 기차, 비행기, 선박이 널리 사용되면서 인간은 '살아있음'을 구현하기 위해 빈번하게 여러 곳으로 이동하게 된다. 이동이 생활화되기 시작한 것이다.

예전에는 인간이 전쟁이나 사냥이라는 생존의 목적으로만 의무적으로 이동을 했다. 그러나 지금은 다양한 교통수단을 이용한 이동을 통해 인간 가치의 실현이 가능해졌다. 그 결과 인간은 단순히 살아있는 존재에서 이동하는 존재로 그 정체성이 확장되었다. 이른바 'Human-Being' 대신 'Human-Moving'이 생겨난 것이다. 사람들은 존재의 가치를 더욱 잘 실현하기 위해 움직임의 가치에 점차 큰 비중을 두게 되었다. 그로 인해 움직이는 존재라는 속성이 강화되었다. 교통수단의 발달과 함께 '움직임' 즉 '이동'은 인간이 더 인간답게 살 수 있는 가치를 실현하는 데 더욱 큰 역할을 해왔다. 21세기 들어서는 세계 곳곳에 초고속열차가 운영되고 개인 비행기의 이용이 더욱 활성화되었다. 기술이 향상된 교통수단이 다양한 목적으로 사용되면서 사람들은 더 오래 더 멀리 그리고 더 자주 이동할 수 있게 되었다. 불과 30년 전만 해도 우리나라에서는 일반인이 해외여행을 간다는 것이 거의 불가능했다. 해외여행은 고사하고 국내에서도 본인이 사는 동네를 벗어나기가 쉽지 않았다. 우리나라에 해외여행 전면자유화가 시행된 것은 1989년 1월 1일의 일이다. 그 이전에는 유학생이나 공무원 등 극히 일부분의 사람만 해외에 나갈 수 있었다.

1980년대 중반, 필자는 미국 유학을 가게 되었다. 당시의 공항은 오늘날의 풍경과는 많이 달랐다. 공항에 가는 것이 일상적이지 않았기 때문에 주변에 누구 한 사람이 외국에 나가거나 귀국할 일이 생기면 공항으로 배웅이나 마중을 나갔다. 그런 사정으로 지금은 상상하기 어려운 특이한 광경이 펼쳐졌었다. 출국하는 사람보다 배웅객과 마중객이 압도적으로 더 많았던 것이다. 그 당시의 공항은 꽤 넓었고 늘 텅 비어있었다. 그만큼 해외에 나가는 이가 드물었고, 공항에서 배웅과 마중을 하는 행위는 주변 지인들의 출국과 귀국을 통해 새로운 세상을 상상하고 간접적으로 경험할 수 있는 일상의 중요한 행사였다. 지금과는 참 다른 모습이다. 규모가 훨씬 큰 현재의 인천공항조차 몰려드는 해외여행객을 수용하기 어려워 새로운 활주로와 여객터미널을 지속적으로 확장하고 있는 실정이니 말이다.

도로의 교통수단 역시 사람들의 일상에 커다란 변화를 가져왔다. 약 3~40년 전으로 거슬러 올라가 보자. 서울역에서 청량리 구간인 지하철 1호선이 개통된 것은 1974년 8월 15일이다. 그로부터 10년 후인 1984년에는 강남과 강북을 순환하는 지하철 2호선이 개통되었다. 지하철 2호선이 생기기 전까지는 버스와 택시가 사람들의 이동을 책임지고 있었다. 버스가 다니지 않는 지역에서는 걸어 다닐 수밖에 없었다. 필자도 그 당시에는 친구나 선후배들과 만날 때마다 오랫동안 함께 걸었던 기억이 생생하다. 이제는 서울뿐 아니라 지방 도시에서도 버스, 지하철, 택시, 자가용 등 여러 가지 교통수단이 사람들의 이동을 돕고 있다. 버스 노선이 닿지 않는 곳에서는 구석구석 마을버스가 다니며 사람들을 실어 나른다. 이처럼 교통은 우리의 일상을 크게 변화시켰다.

우리보다 교통이 일찍 발달한 미국의 경우에도 불과 3~40년 전에는 이동을 위한 교통수단이 마땅치 않았다. 불편한 교통수단을 이용해 드넓은 지역을 여행하기 위해서는 시간과 비용이 많이 들었다. 그런 불편함을 감내해야 할 만큼 특별한 행사가 아니라면 이동을 최소화하여 모든 일상사를 주거지역 주변에서 해결하곤 했다. 하지만 최근 교통수단의 비용 절감과 도로 네트워크의 편의성 향상, 성능이 우수한 자동차의 생산 같은 요소들은 미국인들의 이동을 촉진하는 계기가 되었다.

지금은 그야말로 비행기 문만 열었다 닫으면 순식간에 다른 세상으로 순간 이동할 수 있는 '세계는 한 동네'로 변해가고 있다. 인간은 이동하지 않으면 스스로의 활동반경과 인간으로서의 가치가 크게 감소하고, 경제적 부가가치를 얻기 힘들다는 것을 절감하며 살고 있다. 살아있는 한 움직일 수밖에 없는 것이다. 그와 더불어 이동에 대한 안정성과 편리성, 신속성에 대한 관심도 커지고 있다. 무인 자율자동차가 바로 눈앞에 와 있다. 아마도 어떤 형태로든 교통기술이 다시 한번 인간의 생활을 획기적으로 변화시키는 놀라운 상황이 벌어질 것이다. 몇 년 후 공상과학소설에서만 보던 순간이동이 실제로 가능하게 될지 누가 알겠는가. 이처럼 인간은 '이동하는 인간'이라는 속성이 있기에 항상 교통과 함께 살아가고 있는 것이다.

의식주(衣食住) 그리고 행(行)

교통의 역사는 곧 인류의 역사라고 할 수 있다. 원시 시대에 인간은 식량을 구하기 위해 사냥을 나갔다. 사냥을 하려면 주거지에서 먹잇감이 있는 곳까지 이동해야 했다. 가는 동안 맹수의 습격을 받거나 험한 지형을 피하기 위해 익숙한 길을 찾아냈다. 주거지역의 기후에 큰 변화가 오면 살기 적합한 곳을 찾아 기약 없는 여행을 떠났다. 이동을 하다가 살기 편한 곳에 정착하면 마을이 생기고 도시로 발전했다. 마을과 도시가 번성해지고 나라가 생겨나면 사람들은 더 이상 이동하지 않고 모여 살기 시작한다. 사냥과 이동 대신 농사를 짓고 물물교환으로 경제활동을 한다. 그로 인해 재산이 축적되고 권력이 생겨나면서 다른 나라의 영토와 물자를 탐하기 시작했다.

이동의 습성이 유전자로 남았거나 낯선 곳에 대한 호기심이 강한 사람들은 새로운 세계를 향한 모험에 나서기도 했다. 모험을 통한 신세계의 발견은 먼 곳의 사람들과도 교류와 이동이 가능하도록 만들어주었다. 이처럼 사냥, 자연재해, 전쟁, 모험 등은 역사상 인간 이동의 기본적인 원인을 제공해왔다. 인간의 역사를 살펴보면 이동은 정착을 만들고 정착은 또 다른 이동을 유발하는 순환적인 흐름을 이어왔다. 그에 따라 이동수단도 변화를 거듭했다. 처음엔 걸어서 이동하다가 점차 더 멀리 이동하기 위한 도구가 등장한다. 나귀, 말, 낙타 같은 동물이나 수레, 마차, 인력거가 활용되기 시작했다. 그러나 동물에 의존하는 이동 행위는 불편했고 먼 거리를 여행하는데 적합하지 않았다. 선박이 있다 해도 저성능이어서 장거리 항해가 쉽지 않았다. 인적 물적 교류도 인접국에만 국한되었다. 이동수단의 후진성과 열악함으로 인해 인간의 이동은 제한적일 수밖에 없었다.

오랫동안 침체되었던 교통수단은 20세기 들어 급격하게 발달하기 시작한다. 산업용으로만 쓰이던 철도 기술의 혁신으로 사람들의 대량 수송이 가능해졌다. 자동차와 비행기를 발전시킨 것은 아이러니하게도 두 차례에 걸친 세계대전이었다. 1차 대전 후 전쟁의 피해로 피폐해진 유럽과는 달리 미국은 약 10년간 경제적 호황을 누렸다. 특히 공산품의 생산이 활발해지면서 자동차 공업도 비약적으로 발전하게 된다. 당시 GM, 포드 등 미국의 유명 자동차업체들이 기술 발전을 주도했다. 초기에는 주로 고가의 차량이 만들어졌으나 1929년의 대공황을 계기로 실용성을 갖춘 보급형 차량이 등장한다. 이러한 일련의 과정을 거치면서 자동차는 일반 대중의 이동을 돕는 대표적인 수단이 되었다.

세계 제1차 대전을 계기로 발달한 항공기는 제2차 세계 대전을 거치며 더욱 괄목할만한 성장을 이루었다. 대규모 공중폭격이 전쟁을 승리로 이끈다는 인식이 확산되면서 세계 각국이 앞 다투어 전투기 개발에 힘을 쏟은 결과이다. 전후에는 항공기가 먼 거리에 있는 나라와 나라 간의 통행에 이용되기 시작했다.

인간의 이동수단이 그와 같이 놀라운 발전을 이룬 것은 겨우 100년 사이의 일이다. 현재 사람들은 항공기와 자동차, 기차 등을 원하는 대로 이용하며 생활의 질과 수준을 높여가고 있다. 자동차는 무인 자율주행 자동차가 점점 현실로 다가오고 있다. 철도는 고속열차가 대중화된 지 오래다. 항공기 역시 수요가 있는 곳이면 세계 어디든 날아갈 수 있으며 개인 항공기의 보급도 확산되고 있다. 교통 발전은 인간의 이동과 일상사를 크게 변화시키는 촉매가 되고 있다. 만일 지금 항공기가 없어진다면 어떤 일이 벌어질까. 수출입 업무는 타격을 입게 되고 여행을 비롯한 여러 종류의 교류는 모두 마비될 것이다. 국제적인 산업, 학술, 스포츠 행사도 주변 국가들만 참석하는 소규모 행사에 그치게 될 것이다. 인류의 역사에서 항공기라는 교통수단만 제거해 봐도 인간의 현대적 삶이 얼마나 후퇴할 것인지 금방 알 수 있다. 이처럼 교통수단의 발전은 인류의 역사와 일상을 좌우하는 중요한 요인임이 틀림없다.

우리나라는 대륙과 연결되어있는 반도 지형이다. 그러나 실질적으로는 남북 분단으로 인해 중국, 러시아, 유럽으로 가는 육로가 막힌 섬나라이다. 하늘길을 이용하거나 뱃길을 이용할 수밖에 없다. 기차나 자동차로 중국을 여행한다면 비용이 훨씬 감소하게 된다. 통행의 규모나 빈도 역시 많이 증가할 것이다. 한반도를 남북으로 관통하는 새로운 이동 경로는 우리나라의 생활 패턴과 산업 구도를 크게 바꿀 수 있다. 그럼에도 불구하고 정치적 이유로 육로를 이용하지 못하는 상황은 매우 안타깝다.

우리나라의 교통 역사를 살펴보면, 자동차를 대중적으로 이용하게 된 것도 30년이 채 안 되었다. 비록 짧은 기간이었지만 자동차의 활발한 이용은 도로의 확장을 촉진했다. 생활방식과 산업 형태도 자동차의 영향을 받아 변모해왔다. 자동차는 이제 우리에게 없어서는 안 될 필수품으로 자리 잡았다. 도시 내에서는 지하철이 사람들의 발 역할을 하고 있다. 지역 간에는 고속철도가 이동의 중요수단이 되었다. 지난 2~30년 동안의 교통 발전은 우리에게 생활의 편리함과 경제적 풍요를 안겨주었다. 앞으로도 새로운 교통수단의 운행과 기존 교통수단의 확장으로 인한 교통 발전은 우리 생활에 더욱 큰 영향력을 발휘할 것이다.

의식주(衣食住)는 인간 생활의 가장 기본적인 요소로 꼽힌다. 그러나 실질적인 역사의 흐름을 살펴보면 '이동'이나 '교통'을 의미하는 '행(行)'도 삶의 필수 기본 요소 중 하나로 추가되어야 마땅하다. 역사의 주요 변환기에는 교통이 지대한 역할을 해왔다. 교통을 통해 지역 간 교류가 활성화되면서 새로운 문화와 생활양식이 탄생했다. 교통으로 인해 또 다른 역사가 시작된 것이다. 또한 우수한 교통수단을 보유한 종족이나 나라는 역사를 이끄는 중심적 위치에 서왔다. 몽골의 칭기즈칸이 유럽 정벌에서 승리를 거둔 결정적 요인은 바로 그들의 이동수단인 몽골말 덕분이라는 분석이 있다. 몽골말은 지구력이 강해 장거리 이동에 적합하고 키가 작아 전투에 유리한 신체적 조건을 지녔다. 칭기즈칸의 세계 제패는 말이라는 교통수단이 인류의 역사를 바꾼 대표적인 예이다.

최근의 국가경쟁력도 칭기즈칸 시절과 별반 다르지 않다. 고속열차, 첨단비행기, 첨단 선박을 보유한 국가는 곧 부유하고 강한 나라로 평가되기 때문이다. 신속하고 우수한 교통수단의 생산 기술을 보유하고 장비의 선진화는 국력과 직결된다. 전쟁 무기와 기술 역시 더 크고 빠른 이동 도구를 보유하면 전력 면에서 우위에 있게 된다. 가장 먼 거리에서 빠르게 상대방을 공격할 수 있는 능력과 기술이 전력 평가에서 중요한 잣대가 되는 것이다. 그러한 능력을 갖춘 주체는 전쟁에서 늘 승리했고, 그 승리가 역사의 변환을 이끌었다.

이처럼 인류의 역사는 교통의 역사와 같이해왔다. 향후 인류의 역사도 교통의 발달과 보조를 맞출 것으로 예상된다. 최근 물리학의 화두 중 하나인 웜홀(Wormhole), 혹은 4차원 공간의 문제도 결국은 인간이 우주의 다른 공간이나 차원으로 이동하기 위한 방식과 경로에 대한 탐구라고 할 수 있다. 만일 다른 우주로 가는 새로운 루트와 이동수단이 개발된다면 인간은 지금까지와는 전혀 다른 세상을 경험하며 살아가게 될 것이다. 전 세계 곳곳에서 목격되는 UFO는 그 진위를 떠나 상상을 초월한 빠른 비행물체임에는 틀림없다. 일부의 주장처럼 실제로 우주에 사는 외계인이 그 비행물체를 조종하고 왔다면 그들은 적어도 인간보다는 우월한 집단일 것이다. 어쨌든 앞으로도 교통은 더욱 광범위한 차원에서 인류의 역사와 함께할 것이란 점만은 분명하다.

필요가 발달시킨 교통수단과 교통로

지금 우리는 이동에 자동차를 가장 많이 사용하는데, 이 자동차가 생겨난 지는 불과 100년에 지나지 않는다. 우리나라에서는 1990년대부터 본격적으로 사용되기 시작했다. 그 이전까지만 해도 주요 교통수단은 버스였다. 대부분의 시민들은 버스를 타거나 걸어 다녔다. 그때는 도시 규모가 작았고, 경제 규모도 그리 크지 않았다. 버스와 보행만으로도 이동에 큰 불편이 없었다. 그러나 한정된 버스 숫자와 배차시간 등 운행의 비효율성으로 인한 고생을 감내해야만 했다. 출퇴근 버스는 항상 만원이었다. 하도 많은 사람이 타서 콩나물버스라 불리기도 했다. 배차 간격이 길어 버스 한 대를 놓치면 어김없이 지각이었다. 지금의 교통 여건으로는 참으로 상상하기 어려운 일이다. 그런 환경 속에 살고 있던 평범한 시민들에게는 자가용은 꿈같은 일이었다. 시내를 벗어나 다른 지역에 가기 위해서는 기차를 이용했다. 기차는 시간이 오래 걸리는 고된 여정이었지만 그런 여행을 통해 지역 간 물자와 정보가 교류될 수 있었다. 이동 수단이 열악하다 보니 당시 서울 구경을 한 번도 못 해 본 사람도 많았다.

그보다 더 오래전 사람들은 어떻게 이동을 했을까. 가장 보편적인 이동 방법은 보행이었다. 보행은 유사 이래 오랫동안 인간의 유일한 이동수단이었다. 대다수의 사람은 먼 길도 가까운 길도 직접 걸어서 다녔다. 말이나 마차를 탈 수 있는 경우는 극소수의 양반이나 귀족, 정부 고관들뿐이었다. 발로 걷는 것은 한계가 있기 때문에 평생 집과 일터 주변을 맴돌 수밖에 없었다. 그렇게 단조로운 일생을 살던 사람들도 어쩔 수 없이 먼 길을 가야 하는 상황이 종종 발생했다. 극심한 추위나 더위 혹은 홍수나 태풍, 지진 등 기후변화와 자연재해가 닥쳐왔을 때이다. 특히 갑작스러운 기후변화는 인간의 생존과 생활양식 자체를 통째로 바꾸어 놓았다. 한 지역에 터를 잡고 살던 수많은 사람들은 더욱 살기 적합한 땅을 찾아 대규모 이동을 감행했다.

그러나 그들이 발견한 새로운 땅에는 토착민이 살고 있었다. 그들 사이에 땅을 두고 전쟁이 벌어지곤 했다. 그 결과 종족 간 융합이 일어나 새로운 나라가 형성됐다. 이처럼 이동은 인간의 역사에 큰 변화를 불러일으켰다. 교통 행위가 인간의 생존을 좌우하고 역사를 바꾸는 매개가 된 것이다. 지역 간 이동은 적잖은 노력과 시간이 드는 일이다. 생존을 위해 버티고 견뎌내며 움직여야 했다. 이동하며 마주치는 토착민과의 전쟁에서는 반드시 이겨야 했다. 그래야 새로운 땅에서 대대손손 생존을 이어갈 수 있었다. 수월한 이동을 위해서는 건강하고 빠른 말을 되도록 많이 보유해야 했다. 말이라는 교통수단은 살기 좋고 온유한 기후의 땅을 차지하려는 전쟁에서 이기기 위한 필수 요소였다. 오히려 병사보다 말의 건강과 보유 규모가 장거리 이동과 새 땅에서의 정착, 전쟁에서 보다 결정적인 요인일 수 있었다.

기후변화와 자연재해 외에 지역 간 장거리 이동이 필요한 또 다른 경우는 물자의 교역이다. 한 지역에서 생산한 물자를 다른 지역에 팔거나 원하는 물자로 바꿔오는 교역은 아주 오래전부터 있어왔다. 꾸준한 교역이 이어지면서 인간은 좀 더 편하고 안전한 길을 찾아냈다. 악천후와 맹수들을 피하고 이동 도중 음식과 물의 공급이 손쉬운 길이 필요했기 때문이다. 중앙아시아를 가로지르는 실크로드나 중국 운남 지역의 차마고도가 바로 그런 길이다. 실크로드는 중국에서 서역에 이르는 장장 6,400㎞의 긴 교역로이다. 중국 역사의 전성기 중 하나인 전기 한나라 시절 한 무제의 명을 받은 장건이 개척했다고 알려져 있다. 장건의 본래 목적은 한나라를 위협하는 흉노를 정벌하기 위해 흉노와 적대관계인 대월지국에 동맹을 청하는 것이었다. 그러나 길을 떠난 후 오히려 흉노에 포로로 잡히면서 일이 꼬이기 시작했다. 오랜 포로생활 끝에 탈출하여 도착한 대월지국은 중국의 뜻과는 달리 흉노를 공격할 마음이 없었다. 장건은 뜻을 이루지 못한 채 중국으로 돌아온다. 그러나 그가 개척한 이동 경로는 후일 동서양을 오가는 실크로드의 모체가 되었다. 더불어 그는 보다 중요한 정보를 한무제에게 전달하게 된다. 말로만 듣던 서역의 실체였다. 특히 서역의 명마에 관한 이야기에 한 무제는 귀가 솔깃해졌다. 흉노와의 전쟁에서 이기려면 당시 최고의 이동수단인 빠른 말의 확보가 시급했기 때문이다. 흉노 자체가 기마전술이 뛰어난 유목민족이었고 그들과의 전쟁에서 우위를 차지하기 위해서는 우수한 말이 절대적이었다. 서역의 명마를 구해오라는 황제의 명령은 동서양 교역의 신호탄이 되었다. 이후 실크로드를 통해 수많은 문물이 동서양을 오갔다. 한 번 개척한 길은 두고두고 후대에 이어지며 애용되었다. 그 길로 인해 각 지역의 문화가 전파되고 문화의 융합이 일어났다. 우수한 교통수단뿐 아니라 유용한 교통로를 확보하는 것은 상대적으로 부유하고 세력이 강한 나라가 되는 지름길이었다. 실크로드의 요지를 차지한 나라는 그 길을 통해 이동하는 사람과 물자를 관리하며 국부와 힘을 키웠다.

한편 실크로드를 통해 목적지로 이동하는 도중 한 지역에 정착하여 살게 되는 경우도 많았다. 워낙 먼 거리에 걸쳐있는 통행로이다 보니 한 번 이동하는 데 수년이 걸렸기 때문이다. 이처럼 광범위한 교통로가 도시나 나라의 세력 형성과 확장, 쇠퇴를 이끌고 인간의 삶의 터전을 바꾸는 데도 큰 역할을 했다. 지금도 여전히 세계 곳곳에서는 지형상의 난점과 악천후를 극복하기 위한 교통로가 개발되고 있다. 그리고 그 주변 지역이 번성하게 되는 부수적 효과가 나타나는 중이다. 예나 지금이나 인간 생활에서 차지하는 교통의 역할은 크게 달라지지 않았음을 알 수 있다.

선박이 이동 도구로 쓰인 것은 보행이나 말 만큼이나 오래되었다. 비행기가 자리 잡기 전에는 선박이 유일한 교통수단이었다. 선박을 통해 사람은 물론 수많은 문물이 교류되었고 새로운 나라의 탄생과 번성에 영향을 끼쳤다. 한때 바다를 지배하는 나라가 세계를 지배한다고 할 정도로 선박교통이 발달한 나라는 강력한 국가로 부상해왔다. 그에 따라 각 나라는 선박의 건조와 이동로 확보에 많은 힘을 기울였다. 이동 효율성을 높이기 위해 운하를 건설하는 일도 중요했다. 그렇게 만들어진 수에즈운하와 파나마운하는 아직도 유용하게 쓰인다. 한 나라 안에서 선박이 정박하는 지역은 어김없이 큰 도시로 번성했다. 현재 국제적으로 유명한 항구도시들은 선박의 통행을 시작으로 생겨나기 시작해서 선박의 역사와 함께 발전해왔다고 할 수 있다.

또한 선박은 세계 곳곳에 산재한 미개척 지역을 발견하여 각국의 영토를 넓히는 역할을 해왔다. 하지만 지금까지 살펴본 것처럼 우수한 교통수단을 소유한다는 것은 또 다른 패권 다툼의 시작을 의미한다. 선박을 통한 교통이 식민지 개척 등 영토 확장에 이용되기 시작하자 그로 인한 역작용이 나타나기 시작했다. 육상의 교통수단들과 교통로가 전쟁에 동원된 것과 마찬가지로 선박도 각종 전쟁 발발의 빌미가 되었다. 반면 선박은 여가활동에도 사용되어왔다. 현재도 선박을 이용한 크루즈 여행이 꾸준히 인기를 끌고 있다. 선박은 오랜 역사를 지닌 교통수단이다. 바람의 힘을 이용한 선박은 강이나 바다 위를 통행하고 싶은 인간의 욕망에 의해 처음 만들어졌다. 이후 자동차와 비행기의 탄생 전까지 선박은 오랫동안 인간의 발 역할을 대신하며 인류 발전의 원동력이 되었다. 선박이 주도하던 예전 교통의 모습과 현재의 교통을 비교해보면 우리가 얼마나 편안하게 이동하고 있는지 알 수 있다.

교통과 전쟁의 함수관계

나라와 나라 사이의 전쟁은 광범위한 지역에서 진행되기 마련이다. 수많은 병사와 물자가 장거리를 이동해야 비로소 전쟁의 구도가 갖추어진다. 전장으로 가는 동안 병사들은 추위와 더위, 폭풍과 폭우, 폭설과 같은 악천후 속에서 걷거나 말을 타고 가야 한다. 산을 넘고 강을 건너 적군을 대적하러 가는 것이다. 이동하는 길이 멀고 험하다 보니 전쟁터에 도달하기 전에 이미 전력이 소진된다. 추위와 기아에 시달리고 사고로 부상을 당해 적잖은 병력의 손실이 생기기도 한다. 옛날의 전쟁기록을 보면 대부분 날짜별로 이동상황을 상세하게 묘사하고 있다. 이동의 기록을 통해 아군의 문제점을 분석하고 병사와 장비, 물자 등을 살펴 전략과 전술을 재조정했기 때문이다. 그처럼 전쟁의 승패는 이동으로 인한 피해를 최소화하는 것에 좌우되곤 했다. 수많은 역사적 사실이 이를 증명하고 있다. 교통이란 것이 전쟁의 역사에서 얼마나 중요한 역할을 하는지 잘 알 수 있는 대목이다.

고구려와 수나라, 당나라 사이의 전쟁은 그야말로 이동의 싸움이라 해도 과언이 아니다. 특히 수나라의 경우는 나라의 흥망성쇠 자체가 북방의 고구려 정벌을 위한 이동로의 확보와 관계가 깊다. 제2대 황제인 양제는 보위에 오르자 남방의 풍부한 식량과 물자를 북방으로 실어 나르기 위해 대운하를 건설한다. 농민

백만 명 이상이 동원된 대역사는 남과 북의 물산 교류를 통한 실질적 전국 통일을 이루고 황실의 재정을 확고하게 해주었다. 그런데 그 같은 대역사의 이면에는 고구려를 복속시켜 수나라 이전의 강력한 통일 왕조였던 한 제국의 영화를 부활시키고 싶다는 야심이 깃들어 있었다. 양제의 입장에서 보자면 한나라 때 일개 조공국이었던 고구려가 한의 멸망 후 반기를 들고 일어나 자신들과 동등한 세력으로 성장해있는 것이 영 못마땅했을 것이다. 더욱이 선황인 수문제가 30만 대군을 이끌고 이미 1차 정벌을 꾀했으나 대패했던 쓰라린 기억이 있었다. 당시 수문제의 대군은 전쟁터로 행군하는 도중 혹독한 북방의 추위와 전염병으로 고통을 받아야 했고 식량 보급마저 원활하지 않아 굶주림에 시달렸다.

바다로 침략을 꾀했던 수군은 태풍을 만나 배가 전복되는 바람에 고스란히 이국의 낯선 바다 밑에 수장되기도 했다. 중국 전역을 가로질러 이어진 대운하 중 낙양에서 북경까지 구간인 영제거(永濟渠)는 고구려 원정을 위한 군수물자 수송로 확보의 성격이 강했다. 고구려에 이르는 멀고 험난한 구간을 수월하게 이동하기 위한 준비인 셈이다. 그러나 그같이 거대한 토목공사는 나라의 재정을 고갈시켰고, 백성들의 원성을 샀다. 전쟁 물자를 수송하다 죽는 병사도 속출하자 백성들 사이에서는 요동으로 가서 헛되이 죽지 말자는 노래가 유행처럼 번지기도 했다. 이동로를 확보하는 사전 준비 과정에서 이미 패전의 기운이 싹트고 있었던 것이다. 무려 113만의 대군을 동원한 전무후무한 규모의 총공격에도 불구하고 수나라는 결국 고구려에 대패하고 만다.

그와는 반대로 몽골의 유럽 정벌은 병력의 원활한 이동에 의해 성공한 전쟁의 실례를 보여준다. 몽골이 세계를 상대로 전쟁을 벌여 대제국으로 역사에 남을 수 있었던 결정적 이유는 이동의 우위, 즉 교통의 우수성 때문이었다. 당시 이동수단은 말이 전부였다. 유럽에서 전쟁에 사용된 말은 키가 크고 단거리에 효용성이 뛰어난 특징이 있었다. 반면 장기간 원정에는 적합하지 않았다. 그에 비해 몽골의 말은 키가 작아 볼품은 없었지만, 지구력이 강하고 관절이 튼튼했다. 전력으로 달릴 경우 유럽 말은 한 번에 3㎞가 최대이지만 몽골의 말은 그보다 거의 열 배가 넘는 거리를 달릴 수 있다. 끝도 없는 평원을 전력 질주하다가 등에 탄 주인이 방향을 바꾸고자 하면 재빨리 부응하는 급정지와 회전력도 뛰어났다. 또한 말의 높이가 낮아 말에 탄 병사가 칼을 이용하여 상대방을 공격하기가 훨씬 유리하기 때문에 순식간에 적을 섬멸할 수 있었다. 태어나면서부터 말과 함께 자라온 몽골의 전사와 여러모로 장거리 전투에 유용한 이동수단인 몽골의 말이 혼연일체가 된 기마부대는 유럽인들을 공포에 떨게 하며 연전연승으로 세계를 제패해 나갔다.

전쟁에서는 병사의 전투 능력과 기술이 승리의 주요 요인 중 하나지만 그 못지않게 중요한 것이 또 있다. 바로 보급품의 이동과 전달이다. 장기전에서 무기와 식량, 추위를 이길 의복이 제때 공급되지 않으면 제대로 싸워보지도 못하고 전력의 큰 손실이 온다. 먼 후방에서 오는 보급품의 이동 경로를 안전하게 지켜 신속한 보급이 이루어지도록 하는 것은 전쟁의 주요 전략 중 하나이다. 만일 보급로가 적군에게 발각되기라도 하면 그것은 전쟁의 패배로 이어졌다. 그런 이유로 보급로의 위치는 핵심 지휘관들만 알고 있는 특급 비밀 중 하나이다. 수양제가 무리하게 백성을 동원하여 대운하 영제거를 만든 것도 군수 물자 보급을 위한 사전 정비 작업의 일환이었다. 몽골 기마군단이 승리를 거둔 배경은 통상 전투병 뒤에 따라가기 마련인 보급품의 이동이 필요 없었기 때문이라는 분석이 있다. 그들은 '보르츠'라는 전투식량을 가지고 다녔다. 이는 소고기나 양고기, 말고기 등을 육포로 만들어 바싹 말린 후 가루를 낸 음식이다. 부피가 작고 무게도 가벼워서 한 사람의 병사가 오래 먹을 분량을 말안장에 싣고 다닐 수 있었다. 잘 마른 보르츠에 뜨거운 물만 부어 먹으면 전투를 치룰 체력을 유지할 만큼 충분한 단백질 공급이 가능했다. 그 덕분에 일반적으로 병사의 이동에 큰 짐이 되는 보급대가 필요 없으니 몽골 기병의 기동력은 크게 향상될 수밖에 없었다.

현대전에서 잠재적으로 전쟁의 우려가 있는 지역과 그 주변에 병력과 무기를 사전 배치하고 준비해놓는 것도 보급품을 효과적으로 전달하려는 전략이다. 종군기자의 TV 리포트나 전쟁 관련 뉴스를 보면 지상 보급로가 차단된 전쟁터에서 공중에 뜬 헬기로부터 보급품이 던져지는 광경을 종종 목격한다. 이 경우 보급품을 수송하는 헬기의 이동은 매우 중요한 전략 전술이라고 할 수 있다. 세계 2차 대전 때만 해도 전쟁의 주 무기이자 이동수단은 탱크와 장갑차였다. 그러나 전쟁 후반에는 비행기를 통해 폭격과 보급품 공급이 행해지는 공중전이 시작되었다. 그 후 현재는 대부분의 전쟁이 공중전 형태로 이루어지고 있다. 첨단 비행기의 성능과 대수가 전쟁의 승패를 가름하는 주요 변수가 된 것이다.

무기의 경우도 마찬가지이다. 예전의 단거리 박격포가 이제는 대륙 사이를 이동하는 장거리 대륙간 탄도미사일로 변모하여 버튼만 누르면 상대방을 직접 공격할 수 있는 시대이다. 이동 수단의 발전이 전쟁의 모습을 그처럼 획기적으로 변하게 만든 것이다. 누가 더 빠르고 정확하고 강력한 공중전 무기를 갖느냐가 관건이 되었다. 또한 그간 우주 연구를 위해 개발된 전자 제어 기계 기술이 이동기술 개발에 적극 활용되고 있다. 그결과 전쟁이 발발하기도 전에 이미 결과를 예상할 수 있게 되었다.

한편, 무역도 전쟁이라 할만큼 나라의 명운을 담보로 하고 있다. 무역전쟁에서는 얼마나 싼 비용으로 신속하게 물품을 이동시키느냐가 성과와 직접적인 연관이 있다. 그로 인한 물류비용의 절감은 실제 소비자 가격에 영향을 미쳐 구매 수요를 결정하게 한다. 대륙을 빙빙 돌아 이동하는 선박의 경로보다는 운하를 개발하는 것이 효율성 등 여러 가지 측면에서 유리하기 때문에 아직도 수에즈, 파나마 운하는 국가 간 무역의 핵심 이동 경로 역할을 해내고 있다. 최근에는 북극 항로 개발로 이동 경로를 크게 개선함으로써 물류비용을 줄이고자 하는 노력이 현실화하고 있다.

각 나라는 온갖 기술과 경험을 총동원하여 가장 짧은 이동 경로를 찾는 데 모든 노력을 쏟아붓고 있다. 현재 우리나라는 지상을 통해 북쪽 육지 경로가 막혀 비용 측면에서 큰 손해를 보고 있다. 그런데 다행히 최근 러시아산 천연가스에 대해 선박을 통해 이동하기보다는 북한을 경유하는 파이프 경로로 들여오자는 논의가 이루어지고 있다. 이는 비용과 관리뿐만 아니라 안전성 면에서도 매우 유리한 것으로 평가받고 있다. 철로와 도로 또한 북한을 경유할 경우, 중국, 러시아, 유럽을 여행하고 동시에 물건도 실어 나를 수 있게 된다. 오랫동안 논의되어 왔던 유라시아 철도가 꿈에 그치지 않고 조만간 현실에서 가능해지기를 간절하게 희망해 본다.

교통의 역할은 거기서만 그치는 게 아니다. 부부나 연인, 친구 사이에도 우리는 '사랑과 전쟁'이라는 표현을 사용하곤 한다. 그 전쟁이 두 사람 사이에 평화롭게 마무리되기 위해서는 서로 절대로 거리를 두어서는 안된다. 대화를 나눌 수 있는 이동거리를 최소화해야 한다는 말이다. 예를 들어 부부싸움이 일어났을 때 별거를 한다거나 각방을 쓰게 되면 장기전으로 갈 가능성이 높아진다. 두 사람이 같은 공간에 머물면서 상대방의 입장을 이해하는 과정이 필요하다. 소통은 화해를 위한 중요한 선제 요건이기 때문이다.

지리학은 왜 교통을 다루지 않는가!

모든 땅 위에는 길이 있다. 길에는 사람이든 동물이든 생명체가 움직인다. 대자연 속에서 길은 언제나 존재해왔다. 길은 목적지를 찾아가는 경로 역할을 한다. 먹을 것과 입을 것을 구할 때 소중한 이정표 역할을 하기도 한다. 길은 생명을 보존하는 통로이며 소통과 삶의 터전으로 쓰여 왔다. 길이 없다면 어떤 일이 일어날까. 생명체가 움직일 수 있는 이동로가 없어질 것이다. 제한적인 공간에 갇혀 먹을거리도 입을 거리도 구하기 어려워진다. 그로 인해 궁핍한 생활에 시달려야만 한다. 지진과 태풍, 폭우와 폭설, 산불 같은 자연 재난이 닥쳐도 피난처로 가기 힘들다. 길은 그처럼 오랫동안 인간과 생명체에 필요하고 쓸모 있는 역할을 해왔다.

길의 본질은 교통 행위이다. 인간은 길 위에서 이동한다. 길은 지역과 지역을 연결해주는 경로로 사용되었다. 대부분의 교통 행위는 길 위에서 이루어져 왔다. 길은 바깥세상으로 향하는 이동과 소통의 통로였다. 사람들은 길을 통해 쉽고 편리하게 오가고 만났으며 물물교환을 했다. 길에는 상시 많은 사람이 왕래하기 때문에 지역의 주요 길목을 중심으로 마을이 생겨났다. 마을이 점차 번성하면 도시가 생기기도 했다. 현재의 길은 여러 종류의 목적으로 이용된다. 누가 어떤 교통수단을 이용하든 자유의지대로 길을 지나다닐 수 있다. 그러나 예전에는 길이 특정 계층이나 특정 목적을 위해 만들어지고 사용된 경우가 많았다. 가령 답도(踏道)라는 길이 있다. 경복궁 근정전이나 창덕궁 인정전처럼 궁궐의 주요 건물이나 종묘의 전각 바로 앞에는 월대(月臺)가 놓여있다. 월대는 하례나 제례 같은 각종 공식행사 때 사람들이 올라설 수 있는 장방형의 단이다. 그런데 그 월대로 오르는 남쪽 계단을 잘 살펴보면 세 부분으로 나뉘어 있다. 그중 가운데 부분은 왕이 다니는 길인 어도(御道)이고 신하들은 좌우에 놓인 계단으로 지나다녔다. 어도의 중앙에는 계단을 가로지르는 사각형의 판석이 있다. 봉황이나 용 문양이 새겨진 이 판석의 이름이 바로 답도(踏道)이다. 답도는 그 이름에 길 도(道)자가 들어있으니 분명 길이지만 사람이 밟고 오르기 힘든 모양새이다. 그 이유는 무엇일까. 답도는 본래 신령과 왕에 대한 경의를 표한다는 의미가 담긴 길이다. 실제 다니는 길이 아니라 일종의 장식으로 만들어진 상징적인 공간인 것이다. 왕은 답도 위로 가마를 타고 지나다녔으니 실질적으로도 이 불편한 길을 밟을 필요는 없었다. 이처럼 신분질서가 엄격한 시대에는 길의 목적과 이용에도 신분 차에 의한 구분이 있었다.

그에 비해 서울의 피맛길은 주로 평민들이 이용했다. 피맛길은 말을 피해 다니는 길이란 뜻이다. 조선시대 번화가인 종로는 정승 판서 같은 고관들이나 사대부가 주로 지나다녔다. 평민들은 양반의 행렬 앞에서 고개를 똑바로 들지 못했다. 말이나 가마를 탄 고관대작을 만나면 그 행렬이 다 지나가도록 땅바닥에 꿇어 엎드려 있어야 했다. 그러다 보니 양반이 탄 가마나 말을 만나지 않아도 되는 골목길을 주로 이용하곤 했다. 그래서 생긴 길이 피맛길이다.

지방 사람들이 한양으로 과거를 보러 가려면 꼭 거치는 길도 있었다. 그 길의 이름은 영남대로이다. 영남대로는 조선시대 지방에서 한양으로 연결된 아홉 개의 큰 경로 중 하나이다. 경상도 지역 양반자제들의 장원급제에 대한 꿈과 좌절의 애환이 서려 있다. 그중 문경새재를 통과하는 길은 몇 갈래로 이루어진 영남대로 노선 중 다른 길보다 하루나 이틀 정도 빠른 길이었다. 영남대로는 '과거'라는 특수한 목적을 위해 개척된 길이라 볼 수 있다. 최근에는 그처럼 특징적인 도로들의 역사적 가치를 되살리기 위해 원래 모습 그대로 복원하려는 움직임이 많다. 유럽에도 "모든 길은 로마로 통한다"는 말이 있다. 그만큼 사방팔방에서 로마로 드나드는 사람이 많았다는 것을 말한다. 길이 많이 뚫려있다는 것은 그 지역이 정치, 경제, 문화는 물론 실생활 면에서도 크게 번성했음을 의미한다. 길이 잘 발달되어 있는 도시가 그 나라의 중심적인 역할을 해온 것은 자연스러운 현상이다.

사실 교통과 도시 발전에 관한 내용은 지리학에서 다루어져야 마땅할 것이다. 지리학은 인문사회과학과 자연과학을 포괄하는 학문으로, 땅에 의지해 살아가고 있는 인간이 지리적 환경 인식을 통해 스스로의 정체성을 파악하는 데 많은 도움이 되어왔다. 지리학이 다루고 있는 분야는 상당히 광범위하다. 지구 곳곳을 정치, 경제, 사회, 문화, 역사는 물론 지형, 기후, 토양, 생물, 환경, 인구 등의 측면으로 구분하고 연구해 왔다. 또한 모든 인간이 반드시 알아야 할 기본 교양으로 인식되어 학교 교육의 기초분야로서 오랫동안 자리 잡아 왔다. 그러나 지리학 분야 중 교통부문은 아직 미흡한 감이 있다. 공간적으로 어느 한 지점에 관한 관심과 연구는 풍부했으나 인간의 이동 루트에 대한 연구는 현저히 부족하다는 말이다.

최근 항공기를 통한 통행이 잦아지면서 지역 간 구도가 바뀌고 있다. 예전에는 거리가 멀어 교류가 적었던 지역들이 이제는 얼마든지 그 거리를 좁힐 수 있다. 선박 이동이 주를 이루던 시대와는 비교도 할 수 없을 정도로 지구촌의 지리 구도가 요동치고 있다. 그러한 변화는 사실 어제오늘의 일은 아니다. 비행기만큼 빠른 속도는 아니지만, 도로와 철도 같은 교통수단도 지역 간 거리를 단축시켜 각 지역의 지리적 특성을 변화시켜왔다. 도로와 철도가 발달하기 전에는 며칠이 걸려야 도달하던 지역이 이제는 한나절 혹은 반나절 만에 도착하여 일을 보고 돌아올 수 있다.

반대로 교통 정체 등으로 인해 물리적인 거리보다 오히려 멀어진 경우도 있다. 서울 수도권 내부에서 이동하는 것은 다른 지역 간의 이동보다 더 많은 시간과 비용이 필요할 때가 많다. 만약 이처럼 현실적인 이동 시간을 감안하여 지도를 제작한다면 현재의 지도와는 전혀 다른 새로운 모습의 지도가 탄생할 것이다. 예를 들어 서울의 중심에서 1시간 이내에 도착할 수 있는 도시들의 숫자를 이동 시간을 기준으로 표시해볼 수 있다. 그렇게 된다면 출퇴근 및 혼잡 시간대에는 단순 거리를 기준으로 한 지도와는 다른 형태가 될 것이다. 지리학의 한 연구과제인 도시의 지역적 연구 측면에서도 교통이 차지하는 비중에 관한 연구가 꼭 필요하다. 교통의 편의성은 도시 발전의 주요 요인이라고 볼 수 있다.

도시 간 도로와 철도 네트워크의 확장으로 이동의 편의성이 증대되면 도시에서 도시로 가는 통행량이 많아진다. 도시 간 잦은 통행은 인적·물적 이동을 가져오게 된다. 이는 도시의 규모를 지속적으로 늘려 거대 도시로 발전하게 만든다. 그로 인해 대도시보다 더 큰 메가 규모의 도시가 속속 생겨나게 되는 것이다. 이 경우 도시의 확장을 불러일으킨 것은 온전히 교통의 역할이라고 할 수 있다. 교통과 지리가 연계된 교통지리학은 새로운 분야로 선택되어 지속적인 연구가 필요하다. 교통과 지리 분야는 정치, 경제, 사회, 문화, 역사 등 다른 분야와의 협력이 중요하고 우리 생활에 광범위한 영향력을 가지고 있다. 그와 같은 특성상, 교통에 관한 단편적인 연구보다는 포괄적이면서도 심층적인 연구가 필요하다. 교통지리 분야의 탄생은 그런 필요성 면에서 큰 의미를 지닌다.

한편 지리학의 주요 부분인 지도와 교통의 밀접한 연관성에 관해서도 주의를 기울여야 할 시점이다. 기존의 종이지도에 나타난 지리적 내용은 고정적으로 변하지 않는 절대거리와 시간을 보여주고 있다. 그러나 교통정보자료로서는 이제 거의 무용지물이 되고 말았다. 앞서 잠시 예로 든 것처럼, 지도상의 절대 거리는 변할 수 없지만, 교통량과 이동시간 등 실시간 여건에 따른 상대적 거리 개념이 크게 변하고 있기 때문이다. 자동차를 운전할 때 종이지도를 펼치고 목적지를 찾아가던 시절이 있었다. 지금은 실시간 지도를 표시해주는 내비게이션을 활용한다. 내비게이션은 일상의 필수품으로 자리 잡은 지 오래다. 내비게이션은 지도를 제작하는 회사의 정보 정확도가 관건이다. 그 때문에 실시간 변화하는 길의 정황을 정확하게 파악하기 위해 민간 뿐 아니라 정부도 적지 않은 예산과 인력을 투입하고 있다. 도로정보시스템은 사람들에게 버스, 지하철 등 대중교통의 위치를 안내함으로써 적절한 교통수단 선택에 도움을 주고 있다.

특히 우리나라는 첨단정보통신기술과 교통을 효율적으로 접목하여 세계 최고 수준의 실시간 교통지도 체계를 운영하고 있다. 각 지역의 지리정보가 바뀔 때마다 그 변화가 내비게이션 지도에 즉각적으로 반영되어 현실과 거의 동일한 수준의 길 찾기 정보가 제공된다. 본인이 정확히 어느 지점에 위치하는지를 알려주는 정보는 주어진 상황에 적절하게 대처하는 데 긴요하게 쓰이고 있다.

교통의 위기

지구촌에 인구가 적고 도시화가 진행되기 전에는 환경오염이 발생되지 않았다. 20세기 후반부터 세계적으로 인구가 급격히 늘고 도시화가 가속화되면서 환경문제는 지구촌 전체를 위협하는 주요 쟁점으로 자리 잡기 시작했다. 쓰레기, 상하수도, 대기오염, 소음 문제는 모든 나라의 어려운 숙제이다. 더욱이 최근 들어 부쩍 잦아진 태풍이나 폭우, 폭염, 혹독한 한파 등 이상기후 현상은 환경오염이 만들어낸 폐해라는 주장이 지배적이다. 높은 인구밀도로 인해 발생하는 환경문제는 도시 규모가 현재 수준으로 유지되는 동안은 쉽사리 소멸되지 않을 것이다. 이상기후 역시 많은 예산과 노력을 투자한다 해도 완전히 해결된다는 보장이 없어 더욱 큰 고민거리가 되고 있다.

도시의 교통시설물과 통행이 환경에 미치는 영향에는 대략 두 가지 측면이 있다. 첫 번째는 에너지 고갈 문제이다. 대도시에 통행하는 차량이 지속적으로 증가하면서 그로 인한 연료의 소모는 전체 에너지 소모량의 상당 부분을 차지하게 되었다. 우리가 일상적으로 행하는 교통 행위로 인해 지구 환경의 주요 자산인 석유와 석탄, 가스, 희토류 같은 에너지원이 속절없이 줄어 들고 있는 것이다. 만약 교통 행위가 줄어든다면 어떤 일이 벌어질까. 아마도 그런 에너지원을 일정 부분 절약할 수 있을 것이다. 한

정된 에너지를 아끼려면 적어도 불필요한 교통 행위를 줄이기 위한 노력이 반드시 필요하다. 두 번째는 대기오염 문제이다. 최근 미세먼지와 분진, 오존 문제가 사회적 이슈로 떠오르면서 자동차 통행에 의한 대기오염에 관심이 높아지고 있다. 아직 정확한 통계는 없지만, 자동차통행이 미세먼지 등 대기오염의 요인이 된다는 것만은 분명하다. 사람이 많이 모이고 자동차 통행이 빈번한 곳은 대기의 질이 더 나쁠 것이다. 그런 곳에 살지 않거나 가지 않으면 된다고 생각할 수도 있다. 하지만 대부분의 시설물은 번화하고 발전된 지역에 있으며 그런 지역에 가는 일은 일상 속에서 불가피하게 자주 발생한다.

예전에 필자가 홍콩 정부의 초청을 받아 현지에서 교통 관련 발표를 한 적이 있다. 그 때, 홍콩 사람들은 나에게 서울에 사람과 차가 많은데 어떻게 그렇게 공기가 깨끗한지 물었다. 그래서 나는 서울에서는 버스의 연료로 공해가 적은 천연가스를 예전부터 사용해 왔고, 그동안 펼쳐 왔던 다양한 녹색 정책이 이제야 효과를 보이고 있다는 대답을 하면서 은근히 자부심이 느껴졌던 적이 있었다. 그러나 그 후, 겨우 십 년이 지난 지금은 어떠한가. 매일 서울의 공기 오염을 걱정하는 처지가 되었다. 중국에서 날아오는 대기오염 물질뿐만 아니라 자체적으로 생성시키는 미세먼지 등으로 인한 오염 문제가 상당히 심각한 수준이다. 특히 교통 행위에 의해 발생시키는 대기오염 문제는 사람들의 건강에도 심각한 악영향을 주고 있는 실정이다. 자동차 통행이 건강과 수명에 미치는 영향 등에 대한 연구결과, 만약 통행량이 많은 지역의 사람들이 상대적으로 교통 행위가 적은 시골 사람들보다 오래 살지 못한다는 결과가 나온다면, 그건 분명 우리 모두에게 큰 충격이 될 것이다. 도시는 교통량이 많을 뿐 아니라 새로 건설되거나 재건축되는 교통시설물들이 끊임없이 생겨나고 있다. 이 또한 도시의 환경오염을 가중시키고 있다. 인간의 편리함을 위해 반복적이고 지속적으로 추진되는 일이 오히려 인간의 건강과 생명에 위협적인 요인이 되는 것이다.

그렇게 악화 일로를 걷고 있는 교통 환경은 앞으로 도시에 어떻게 변화시키게 될까. 아마도 도시의 쇠락에 영향을 줄 수밖에 없을 것이다. 대도시가 지닌 생활의 편의성이 이제는 점점 지방의 중소도시로 분산되고 있다. 향후 주 교통수단으로 부상될 전기자동차나 무인 자동차도 대도시보다는 중소도시에서 훨씬 효과적으로 운영될 가능성이 크다. 그러니 앞으로는 작은 도시와 작은 교통이 대세가 되지 않을까. 자동차와 대중교통의 통행량이 점점 줄어들고 주거지와 직장이 근접하는 현상이 나타날 것이다. 무엇보다 사람들은 대도시가 아무리 장점이 많다고 하더라도 잠정적인 생명의 위협을 감수하면서까지 살고 싶은 마음은 없을 것이다. 사람들이 대도시를 떠나 쾌적한 생활이 보장되는 중소도시로 이동한다면 지역과 국토의 균형있는 발전이 이루어질 수 있다.

Part3

•

알아두면 돈이 되는 재테크 교통학

교통과 부동산

교통과 부동산은 서로 떼어놓을 수 없는 관계이다. 땅이나 건물은 그 자체 보다는 그것을 거점으로 이동할 때 가치가 생겨난다. 가령 생필품을 사려고 집 앞의 슈퍼에 가고, 출근을 하거나 학교에 가기 위해 버스나 전철을 타고 움직인다. 일상의 일들을 위해 이동하는 것이 손쉬운 위치에 있을수록 그 집의 가격은 올라가게 된다. 그래서 사람들은 이동이 편리한 집을 찾는다. 상가라면 사람들이 많이 지나다니는 길목에 위치할수록 가치가 올라간다. 유동인구 중 실질적인 구매력을 갖춘 유효 수요는 영업이익과 직결되기 때문이다. 그처럼 사람이 많이 모이는 곳이나 대중교통시설 주변 부동산은 그렇지 못한 지역에 비해 값어치가 높다. 수도권 땅값이 지방보다 비싼 게 그 대표적인 예이다. 그중에서도 명동과 강남의 부동산이 천정부지인 이유는 교통이 편리하고 사람들의 왕래가 많은 것이 주된 이유이다. 지하철역을 중심으로 역세권이 형성되어 역사 주변 상가나 건물은 항상 거래가 활발하다. 이처럼 이동하는 일, 즉 교통은 부동산의 가치 상승에 그 무엇보다 결정적인 역할을 하는 중요한 요소이다.

만일 수도권에 인구가 감소하면 어떤 일이 벌어질까. 사람수가 적어지니 부동산 가격도 떨어지지 않을까. 절대적 인구의 감소는 분명히 부동산 수요의 감소를 가져올 것이다. 하지만 수요가 줄어들어도 부동산의 가치는 크게 변함이 없을지도 모른다. 그 이유는 교통 때문이다. 인구가 감소하면 도로 위의 자동차 통행은 이전보다 눈에 띄게 원활해진다. 버스와 전철의 좌석수도 남아 여유로워질 것이다. 교통시설물의 원활해진 운영은 삶의 질을 높인다. 따라서 부동산 가치도 계속 유지될 수밖에 없다. 이처럼 지역의 교통시설물은 도시의 가치를 일정 수준으로 유지시키는 중요한 역할을 한다.

집은 있는데 도로가 없다면 생각보다 심각한 일이 발생한다. 외딴 지역에 집 한 채가 새로 생긴다고 가정해보자. 화려한 외장과 최신 인테리어를 갖춘 멋진 집이지만 도로와 통하는 길이 없다면 어떻게 될까. 쇼핑을 하고 병원에 들르고 사람을 만나러 가는 일상의 일들이 불가능해진다. 그 집의 입주자는 아마 하루도 지나지 않아 고립된 섬에 갇힌 기분이 들 것이다. 아무리 집과 주변 경관이 좋아도 도로와의 접근성이 떨어지면 집의 가치가 떨어지게 마련인 것이다.

전원주택이 단지 개념으로 지어지는 것도 바로 그런 이유이다. 단지가 새 도로 건설에 대한 명분이 되니까. 반대로 도로는 있는데 부동산이 없다면 그 도로의 효용성은 매우 낮게 평가된다. 일반적으로 도로 통행량이 기준 보다 낮을 경우, 도로의 건설은 타당하지 않다고 본다. 도로 주변에 통행을 유발하는 부동산 시설이 없어 통행량이 부족하면 도로 운용 주체가 재정적으로 큰 타격을 받게 되기 때문이다. 인천공항으로 가는 인천공항고속도로를 실례로 들 수 있다. 처음 계획 당시 예측된 통행량보다 개통 후 실제 통행량이 크게 적어 오랫동안 재정적인 어려움을 겪었다. 이처럼 부동산과 교통관련 시설물은 서로 밀접한 관계가 있다. 대형 아파트 건설 후 주변 접근 도로가 부족하면 주요 간선도로에 예상치 못한 교통 혼잡이 발생하고 그로 인해 사고가 유발되곤 한다. 이는 건설 계획 당시 부동산과 교통 계획을 함께 고려하지 않은 결과이다.

우리나라는 지난 30년 동안 고속도로 개발 계획에 맞춰 격자형 도로망을 지속적으로 건설해왔다. 그 결과 계획되었던 대부분의 도로들이 완공되어 자동차 통행이 보다 원활해졌다. 새로운 고속도로가 건설된 지역은 교통량이 증대하여 부동산 가치가 크게 올랐다. 지역 경제도 발전하는 효과를 톡톡히 보고 있다. 도로 외에도 철도가 부동산에 미치는 영향도 적지 않다. 고속철도가 정차하는 도시들은 어김없이 부동산 가치가 급등했고 지역경제도 활성화되었다. 교통시설물이 새로 생기는 경우도 마찬가지이다. 인천국제공항이 자리한 영종도의 경우, 땅값이 급등해서 많은 벼락부자들이 생겼다. 대형 교통시설물은 지역의 부동산 가치 상승에 지대한 영향을 주고 있다. 향후 건설이 계획되어 있는 교통시설물 주변 부동산 시장이 들썩거리는 것도 어찌 보면 자연스러운 일이다. 외국에서도 교통 시설이 잘 갖춰져 있는 도시는 부동산 가격이 상대적으로 높은 편이다. 이와 같이 사람 사는 곳 어디서나 교통은 지역 발전을 지속적으로 견인하는 커다란 힘이다.

교통이 우리 사회와 부동산에 미치는 영향

교통 행위는 단순히 출발지에서 목적지까지 이동하는 것이 아니다. 이동에 시간과 비용이 들고 일상생활에도 큰 영향을 미친다. 교통수단을 한 번 비교해보자. 걷는 것은 돈이 들지 않고 당사자를 제외하고는 사회에 미치는 영향도 거의 없다. 반면 비행기를 타려면 많은 돈을 지불해야 하고, 걷는 것에 비해 사회적 여파도 크다. 공항 건설과 운용 등에 큰 비용이 들기 때문이다. 그 밖에 자동차나 지하철, 자전거 등도 우리의 일상과 경제생활에 직접 연계되어있다. 그런 교통수단을 생산하는 일은 우리 사회를 이끄는 산업이며, 도로와 철도의 건설도 우리 생활과 연관된다.

한편 교통이라는 동산은 건물이라는 부동산을 지배한다. 집이 직장과 멀리 떨어져 있을 경우, 사람들은 집을 직장 가까운 곳으로 옮긴다. 자녀의 학교를 결정할 때도 가장 중요한 요인은 집과 학교 사이의 이동거리이다. 학생들의 안전하고 편리한 통학을 위해서이다. 대학생이나 직장인들도 학교나 직장 가까운 곳으로 숙소를 얻고 싶어한다. 이동에 지나치게 시간을 빼앗기게 되면 학교나 직장에서 공부나 업무에 지장이 있기 때문이다. 교통의 편리를 위해 이주하는 현상은 이제 도시 전체에서 볼 수 있다. 지하철역이나 도심에 위치한 부동산이 상대적으로 비싼 이유도 그와 무관하지 않다. 이동이 용이한 지역의 부동산은 도시에서 지속적인 상승세를 보인다. 대도시의 이주 행태를 살펴보면, 처음에는 조용하고 편안한 환경을 위해 외곽으로 옮겼다가 결국은 다시 생활이 편리한 도심으로 돌아온다. 불편을 견딜 수 없기 때문이다.

인간이 사는 사회에서는 다양하고 복잡한 문제들이 발생해왔다. 예전에는 인구, 건강, 주택, 질병, 복지, 빈곤, 종교, 인종, 차별, 불평 등이 사회의 주요 이슈였다면 이제는 교통이 가장 큰 사회문제 중 하나로 대두되었다. 교통 문제는 인간의 일상생활 또는 생계와 직결되어 복잡하고 까다로운 특성이 있다. 우선 지하철, 도로, 공항 등 교통 시설물은 많은 예산이 들어 국가 경제에 직접적인 영향을 준다. 도로나 철도, 공항, 항만, 수로 등 교통 시설물의 계획 단계에서 기본적으로 경제적 타당성 검토를 의무화하는 것만 봐도 알 수 있다. 해당 시설물 건설에 대한 투자 대비 경제성이나 편의를 검토하는 과정은 매우 중요하다.

또한 교통은 과학 기술의 발전과도 관련성이 깊다. 자동차, 기차, 항공기 기술이 발전할수록 교통의 편의성과 신속성은 더욱 향상된다. 전기자동차, 수소자동차, 하늘을 나는 자동차 등 지금과는 다른 미래가 펼쳐질 것이다. 교통 발달로 우리나라 전체가 일일생활권이 되었다고 흥분했던 것이 엊그제인데 지금은 반나절이면 모든 경제활동이 가능하게 되었다. 그 외에도 교통 발전은 정치, 문화, 체육, 산업, 교육, 관광 등 여러 분야에 기여했으며 앞으로도 우리 사회 전반에 큰 영향을 줄 것이다. 한편 복잡해진 도시교통으로 교통 정체가 빈번하고 교통사고도 증가하면서 교통관련 의학과 법학의 중요성과 역할도 커져가고 있다.

이처럼 다양한 교통 문제는 여러 분야간 융복합적인 노력과 협력이 반드시 필요하다. 그와 더불어 관공서, 산업체, 학교, 시민단체 등 사회 전반의 의견을 모아 바람직한 교통정책과 전략을 함께 세워야 한다. 사회 각 분야의 협력이 얼마나 잘 이루어지느냐에 따라 교통행위의 질이 결정된다. 또한 도시와 지역사회의 특성과 현실도 감안하는 것이 바람직하다. 예를 들어 철도가 정시성과 안정성이 보장된다고 해서 모든 지역에 적합한 교통수단은 아니다. 도로를 무작정 많이 만든다고 도시 사회의 생활이 좋아지는 것도 아니다. 도시에서 철도, 도로 시설과 주거지역의 점유 비율이 적정하게 운영될 때 삶의 질이 좋아진다. 소도시에서는 보행, 자전거가 적합하고, 대도시에서는 교통수단 간의 연계가 잘 되어야 원활하게 돌아간다. 각 지역의 사회경제여건과 지역 주민의 의견을 효율적으로 수렴할 때, 비로소 교통이 그 지역사회에 도움이 되는 것이다. 여러 교통수단이 한 지역에 공존하는 경우, 각 수단 간의 경쟁보다는 상호 보완하고 대체하는 방향으로 가야 한다. 그래야 교통 행위도 원활해지고 교통수단들도 적자가 없는, 서로 윈윈하는 결과가 만들어지는 것이다. 이와같이 교통은 직간접적으로 우리 사회와 생활에 영향을 미칠 것이므로 사회와 교통의 상호 연관성과 영향력을 거시적 관점과 미시적 관점에서 항상 점검하고 검토해야 한다. 그렇게 축적된 데이터와 연구결과로 교통문제에 적절하게 대응해야 한다.

교통은 소확행(小確幸)의 조건

요즘 '소확행(小確幸)'이란 말이 유행이다. 소확행은 '작지만 확실한 행복'을 의미한다. 일본 소설가 무라카미 하루키의 수필인 <랑겔한스섬의 오후>에서 따온 이 단어에는 일상 속의 작은 행복을 추구하며 사는 삶에 대한 동경이 깃들어있다. 이 말이 사회적으로 퍼져나가기 시작한 것은 20대와 30대 젊은 층의 공감이 확산되면서부터이다. 그들은 왜 이렇게 작고 소소한 일상의 행복을 최고의 가치로 여기는 것일까. 그 나이라면 오히려 번듯하고 화려한 행복을 갈망하는 게 일반적일 것이다. 작지만 확실한 행복의 기쁨은 사실 인생의 희로애락을 어느 정도 거친 다음에 깨닫는다. 젊음이라는 불꽃같은 에너지에 의해 온몸의 기력이 소진된 후 비로소 찾아오는 행복에 대한 성숙한 자각인 것이다. 그런데도 그들은 일찌감치 행복의 도를 깨우쳤다. 그것은 어쩌면 취업난과 함께 경제적 자립을 이루지 못한 현재의 불확실성에 의한 반작용은 아닐까. 어쨌거나 젊은 층에서 시작된 소확행 풍조는 40, 50대 이상의 사람들에게도 잔잔한 공감으로 번져가고 있다. 행복에 대한 이 소박한 정의는 과도한 경쟁과 속도전을 강요하는 사회 풍조에 지친 요즘 사람들에게는 참 구원 같은 트렌드이다.

소확행의 정의처럼 인간의 행복은 개인의 물질적인 충족 수준과는 별개의 것이다. 그보다 주변 환경 요인에 의해 좌우되는 경우가 많다. 어느 사회의 어떤 분위기 속에서 살아가느냐가 행복의 정도를 결정짓는다. 현실 속에는 수많은 외부 환경 요인들이 존재한다. 기후, 정치 경제 상황, 교육 여건, 의료 수준 등등을 들 수 있을 것이다. 그중에서도 교통은 정상적인 일상생활을 유지하는 데 매순간 적지 않은 영향을 준다. 아침에 눈을 뜨고 밤에 잠들 때까지 우리의 모든 일상은 교통 행위와 연관된다. 집 안에 가만히 누워있지 않는 한 하다못해 편의점에 간다 해도 우리는 걷는 교통 행위를 해야 한다. 그렇다 보니 교통 행위가 일어나는 도중 미처 예상치 못한 여러 종류의 감정에 마주치게 된다. 제 시간에 딱 맞춰 차를 타고 일찌감치 출근한 날은 기분도 상쾌하다. 새벽 일찍 일어나 준비를 끝냈는데도 교통 혼잡 때문에 지각을 한 날은 풀리지 않는 분노와 우울감이 하루 종일 가슴 속에 남아있을 수도 있다. 이처럼 교통 행위는 사람들이 느끼는 행복 또는 불행의 감정과 어느 정도 관계가 있다.

인간의 생활 거점이 대도시화 되고 복잡해짐에 따라 교통이 차지하는 비중도 점점 커지고 있다. 이런 상상을 한 번 해보자.

'도로에서 차가 전혀 막히지 않는다면..'

'이 세상에서 교통사고가 완전히 사라진다면..'

'자동차가 나 대신 스스로 운전을 해 준다면..'

아마도 상상만으로 기분이 좋아질 것이다. 세상이 그렇게만 된다면 그야말로 새로운 일상이고 획기적 변신이며 지금과는 완전히 다른 신세계일 것이다. 상상의 내용처럼 교통 행위가 일상생활을 방해하지 않는다면 우리는 효율적인 업무와 생산적인 성과를 만들어낼 수도 있을 것이다. 교통정체나 혼잡으로 인한 짜증이 없으니 적어도 일상의 가장 큰 스트레스 요인 중 하나가 없어지는 셈이다. 그로 인해 사람들의 행복지수는 아마도 큰 폭으로 상승하지 않을까. 경제적으로 빈곤하고 도시에 차가 많지 않은 나라들이 부유하고 교통이 잘 발달된 나라보다 더 행복하다는 통계가 있다. 살기 좋은 도시 또는 행복지수가 높은 나라를 보면 교통편의나 생활보다는 인간 중심임을 알 수 있다. 교통이 일상생활의 방해요인이 되지 않고 오히려 교통 문제가 심각한 지역은 그로 인해 사람들이 스스로 불행하다고 느낀다. 한국과 일본은 행복지수가 세계에서 중위권을 유지하고 있다. 두 나라의 높은 경제 수준을 감안할 때 이해하기 힘든 결과이다. 그러나 두 나라 모두 교통문제가 심각하다는 공통점이 있다. 이 같은 결과들은 원만한 교통 행위가 행복의 조건 중 하나라는 근거가 될 수 있다. 한 도시에서 도로가 혼잡하다면 비싼 차를 타건 그렇지 않건 간에 모든 차량이 예기치 못한 교통사고나 정체현상 등에 의해 직간접적으로 악영향을 받는다. 도심의 경우는 더욱 큰 규모의 교통 폐해를 겪게 된다. 이처럼 교통은 개인의 소득이나 생활 수준 등 개별적인 성향과는 상관없이 도시민 전체에게 광범위한 영향을 준다.

현대 사회에서 날씨와 기후 역시 인간의 행복에 영향을 끼치는 중요한 요인이다. 최근 지구 온난화 현상과 기후변화로 많은 곳에서 홍수와 태풍, 산불과 지진 등이 발생하고 있다. 이런 문제가 빈번한 지역의 사람들은 불행하다. 인간의 힘으로 기후를 바꾸기는 어려우므로 다른 지역으로 이주하지 않으면 그러한 불행에서 벗어날 수 없을 것이다. 기후라는 요인을 극복하기 위한 인간의 노력에는 한계가 있는 것이다. 그러나 교통은 인간 자신이 만들어낸 인공적인 현상이다. 인간들 스스로가 잘 관리를 해간다면 기후 요인에 의해 타 지역으로 이주하지 않고도 살던 지역에서 일상을 즐길 수 있다. 교통은 노력에 따라 개선의 여지가 많은 분야이다. 예를 들어 교육, 의료, 정치 등은 모든 사람의 생활에 영향을 주긴 하지만 특정 부류의 사람들만 직접 관여하는 반면, 교통은 모든 사람이 참여하면서 동시에 직접 관여한다. 마음만 먹으면 참여자가 얼마든지 문제점을 개선하고 바꿀 수 있는 구조이다. 사회의 다른 여러 문제가 개선되거나 해결되기 위해서는 많은 시간과 노력이 요구되지만 교통만큼은 사회구성원 다수가 동의하여 원칙을 세우고 실천하면 큰 예산을 들이지 않고도 교통 상황을 개선하고 통행 여건을 훨씬 원활하게 만들 수 있다.

시민에게 행복감을 주는 교통 환경을 만들기 위해서는 구체적으로 어떤 노력을 기울여야 할까. 도로에서 차를 운전할 때 얼마나 안정되고 편안한 기분을 갖게 되는지는 행복교통의 기본적인 잣대이다. 행복교통이 가능하기 위해서는 도로의 유지관리상태, 교통운영시설, 교통량, 교통정보, 도로운영법규, 교통질서, 교통안내시설, 교통안전시설, 요금징수방법, 주차시설 등 참으로 다양한 요소가 제대로 작동되어야 한다. 만약 교통량이 적다면 모든 운전자가 행복감을 느끼며 운전하겠지만, 다양한 외부 요인들이 편안한 운전에 영향을 준다. 위에 나열한 모든 교통 관련 요소들을 안정적이고 효율적으로 관리하려면 많은 시간과 노력이 필요하다. 아무리 훌륭한 교통 제도나 잘 갖춰진 교통 시설물을 보유했다고 해도 운영과 유지관리가 허술하면 모두가 무용지물이 되고 만다. 도시의 첨단 고속도로, 화려한 철도역사, 웅장한 규모의 공항시설, 지능형 교통시스템 등이 적잖은 예산을 들여 설치되었다 하더라도 운영과 관리 면에서 고장과 오작동을 반복한다면 시민들의 일상에 걸림돌이 될 뿐이다. 대형교통시설물이 오히려 시민의 행복을 방해할 수 있는 것이다. 도시의 운영구조나 도시 설계 또한 시민의 운전과 교통 행위에서 느끼는 행복감과 직결되어 있다.

이처럼 행복한 교통을 결정짓는 가장 큰 요인은 교통 시설의 구축보다 운영과 유지 관리의 질이다. 실제로 우리는 자동차를 운전하고 대중교통을 이용할 때 느끼는 안정감과 편안함의 정도로 그 도시의 생활 수준을 가늠하곤 한다. 도시의 사람들과 여행객 등 교통 이용자에게 행복감을 선사하는 것은 수많은 시행착오와 노력을 거쳐 도달해야 할 소중하고 중요한 일이다.

버스터미널과 기차터미널의 입지 조건

교통이라는 학문에서 제일 처음 배우는 것은 출발지(Origin)와 도착지(Destination) 사이를 가장 신속하게 이동하는 방법이다. 두 지점 사이를 잇는 최단 시간의 경로를 찾는 것이다. 이 문장만 놓고 보면 간단히 해답이 나올 것으로 보인다. 그러나 현실의 도로는 다르다. 한 운전자에게는 하나의 출발지와 하나의 도착지가 있다. 운전자가 여럿이라면 각기 다른 출발지와 목적지가 여러 개 존재할 것이다. 실제 도로 위에는 수많은 차량이 오가고 있다. 차량 수만큼 많은 출발지와 목적지로 인해 복잡한 경로들이 공존한다. 대중 교통수단을 이용하는 승객까지 감안하면 전체 경로들의 집합은 더욱 다양하고 복잡해질 것이다. 그것을 도시 전체로 확장시켜 보면 한 지점에서 출발하여 목적지까지 어떤 수단을 통해 어떤 경로로 이동할 것인지를 찾는 일은 더욱 복잡한 문제가 된다.

도시에서 일반적으로 자동차는 집이 출발지이자 목적지이다. 자동차를 타는 사람은 단 하나의 교통수단만으로 출발지와 목적지 사이를 이동하게 되는 경우가 많다. 하지만 도시가 커지고 생활의 행태가 다양해지면 사람들은 하나의 교통수단보다 여러 개의 교통수단을 이용할 경우가 더 많이 발생한다. 여객 통행의 경우, 개인 승용차, 버스, 철도, 비행기, 도보, 자전거, 이륜

차 등 다양한 교통수단 사이에 연계 환승이 이루어지게 된다. 도시와 도시를 연결하는 시외버스의 예를 들어보자. 최종 목적지는 비록 집이나 직장, 학교 등이라 하더라도 시외버스를 이용하려면 우선 터미널을 통해 이동을 시작하고 마무리해야 한다. 실질적인 이동의 출발지와 목적지가 터미널인 셈이다. 수많은 사람이 일상적인 출퇴근이나 여행을 하는 시작과 끝이 이루어지다 보니 터미널에는 이동이나 여행과 관련한 다양한 시설이 생겨난다.

시외버스나 고속버스 터미널은 도시의 어느 부분에 위치하는 것이 적합할까. 교통의 측면에서 본다면 터미널은 도시의 진·출입부에 위치하는 것이 가장 유리하다. 그 이유는 운행의 정시성을 확보할 수 있기 때문이다. 시외버스나 고속버스는 국도나 고속도로를 통해 비교적 장거리를 운행해야 한다. 만약 시작과 마무리 단계에서 혼잡한 도심 속을 통과해야 한다면 정해진 시간 안에 목적지에 도달하기 어려워진다. 그에 비해 도시의 외곽에서 출발하고 도착할 경우에는 차가 밀리는 도시 내부까지 들어갈 필요가 없다. 그만큼 정시성을 확보하기가 수월해진다는 것이다. 터미널에서 최종 출발지나 목적지를 오가는 교통수단은 승객들의 각기 다른 위치 특성과 경로상 교통 여건을 감안하여 적합한 연계 수단을 선택할 수 있다.

필자가 서울에서 버스터미널을 처음 본 것은 1970년대 초반 동대문 인근에서였다. 당시 서울의 규모는 워낙 협소해서 오늘날의 번화가인 동대문이 도심의 외곽에 해당되었다. 그로

부터 10년도 채 되지 않아 서울의 터미널은 반포에 자리한 강남 터미널로 옮기게 된다. 도시의 급격한 팽창으로 인해 도시 외곽이 강남 지역으로 이동했기 때문이다. 그 후 40년 동안 버스 터미널의 위치는 서울의 곳곳을 전전하며 이전되어 왔다. 이제는 예전보다 도시 규모가 현저히 커지고 통행량도 많아졌다. 한 개의 터미널로는 승객의 수요를 감당할 수 없어 동서울, 서서울, 상봉, 남부 등 서울의 동서남북 지역에 여러 곳을 설치하여 운행 중이다. 최근에는 서울을 벗어나 죽전, 용인 등 고속도로 인근 부지에 새로운 버스터미널 건설을 계획하고 있다. 소규모 환승 정류장 등이 지역 특성에 맞춰 운영되고 있기도 하다. 버스 터미널을 중심으로 지하철과 버스의 환승이 빈번하게 이루어지면서 인근 지역의 부동산과 생활 여건도 함께 발전하는 행태를 보인다. 이처럼 서울의 버스 터미널은 줄곧 도시 외곽에 위치하며 승객 수송을 담당해왔다. 지방 도시들 역시 비슷한 개념으로 버스 터미널을 운영하고 있는 실정이다.

그렇다면 철도역사의 경우도 버스터미널과 동일한 위치 개념이 적용될까. 철도는 버스와 전혀 다른 특성을 지닌다. 철도 차량이 주정차하고 대량의 승객을 수용하기 위해서는 상당히 넓은 부지가 필요하다. 그런 까닭에 버스 터미널처럼 한 도시 안에서 여러 개의 역사를 운영하기는 힘들다. 도시 내부에 철로와 역사를 새로이 건설한다면 기존 도로와 교통시설물 운영에 큰 지장을 초래할 것이다. 무엇보다 철도역사는 한 도시의 상징이라는 의미가 크다. 또한 도시의 교통수단 대부분이 철도역에서 연계되어 환승되기 때문에 철도역사는 도시의 중심에 위치하는 게 일반적이다. 대표적인 예로 서울역은 근대 이후 서울의 역사와 함께하며 교통의 중심지 역할을 해왔다. 청량리역과 용산역이 지역 간 철도의 출발과 도착을 일부 담당하고 있기는 하지만 교통수단 간 연계 환승이 주로 이루어지는 곳은 서울역이다. 서울역에서는 인천공항 철도 연계를 비롯하여 3개의 지하철 노선이 환승되며 각종 교통수단이 연결되고 있다.

일반적으로 철도는 장거리 이동을 놓고 비행기와 경쟁 관계에 있다. 따라서 도심에 역사가 위치하는 것은 도심부와의 근접성을 최대한 활용하여 승객을 유치하고자 하는 전략적인 관점도 있다. 최근 활발하게 운영 중인 고속철도는 비행기와 치열한 승객 유치 경쟁을 하고 있다. 터미널의 적정 위치와 원활한 연계 교통수단 확보를 위한 다양한 노력도 그런 전략적 의도에서 비롯된 것이다. 이를테면 서울 남부와 수도권의 철도 수요를 감안하여 수서 지역에 고속철도 역사가 건설되어 운영 중이다. 덕분에 남부 지역으로 여행하는 서울 수도권 승객들에게는 용이해진 접근성으로 인해 여행의 편의성이 크게 향상되었다.

한편 일본에서는 지역 간 열차도 지하 공간을 활용하여 도심 내부까지 접근함으로써 승객의 이용 편의를 돕고 있다. 이는 지하철 철로와 지역 고속열차 철로를 효율적으로 공유한 결과이다. 일본의 고속철도는 그처럼 접근성이 우수하기 때문에 국민의 대다수가 지역 간 통행을 위해 도심 주요 지역에서 철도를 탑승하고 있다. 버스를 통해 지역 간 이동이 이루어지는 경우는 거의 찾아보기 힘들다. 철도역사의 접근성이 승객 유치에 얼마나 결정적인 역할을 하는지 알려주는 좋은 예라고 할 수 있다. 도심부에 위치한 철도역사는 역사 디자인과 활용성도 중요한 요소이다. 유럽의 철도 역사는 예술적 가치가 높은 건축물로 평가받고 있다. 또한 역사 내에 쇼핑센터, 휴식시설, 오락시설 등이 위치하여 역사의 활용성을 높이고 있다.

공항터미널의 경우는 그동안 도시에서 한참 떨어진 위성도시에 건설하는 것이 일반적이었다. 그러나 최근 들어 항공 관련 기술의 발달로 도시에서 최대한 가까운 거리로 이전하는 추세이다. 비행기 이착륙 소음과 고도 제한 등 방해 요인만 제거된다면 공항의 위치는 앞으로 더욱 도시와 가까워질 것이다. 국토 면적이 그리 넓지 않은 우리나라에서는 버스터미널과 기차터미널 입지의 접근성을 계속 향상시키면서 승객 유치를 두고 경쟁관계를 유지하고 있다. 도시에서 각 교통수단별 터미널의 위치는 교통수단 선택의 중요한 결정요인으로 작용한다. 터미널의 위치가 적정한 경우 승객이 늘어나고 수익이 증가하는 효과를 보이고 있다. 따라서 앞으로 계속 증가할 것으로 예상되는 승용차 이용자를 대중교통 이용자로 전환한다는 목표로 대중교통 터미널의 운영 전략을 수립해보는 것도 바람직할 것이다.

제주도 이주 붐의 이유

"사람을 낳으면 서울로 보내고 말은 제주도로 보내라"는 속담이 있다. 서울은 사람이 살기 좋고, 제주도는 말을 키우는데 적합하다는 뜻일 것이다. 조선시대부터 내려온 이 말에는 서울을 선망하는 우리나라 사람들의 의식이 고스란히 담겨있다. 그러한 선망은 단지 속담에 그치지 않는다. 산의 기원 설화에 서울 외곽을 둘러싼 불암산 전설이 있다. 서울이 처음 만들어질 때 마땅한 진산(鎭山)이 없었다고 한다. 진산이란 도읍지의 중심이 되는 산이다.

당시 금강산에 붙어있던 이름 없는 무명산(無名山)이 하나 있었다. 이 소문을 전해들은 무명산은 지방의 한 큰 산의 끄트머리로 사는 일이 영 시시하게 느껴졌다. 이왕이면 번듯한 서울의 진산이 되고 싶어 그 자리를 뺏길세라 급히 서울을 향해 달렸다. 몇 개의 강과 들을 거치는 동안 온몸이 상처투성이가 되면서도 부지런히 달렸다. 그러나 고생 끝에 서울에 도착해보니 눈앞에 떡하니 산 하나가 보였다. 자신보다 먼저 도착한 자그마한 남산이 서울의 진산 자리를 차지해버린 것이다. 크게 실망한 무명산은 눈물을 머금고 다시 금강산으로 돌아가기 위해 뒤돌아섰지만 서울에 미련이 남아 머뭇거리는 사이 몸이 굳어지기 시작했다. 그래서 그 자리에 멈춰선 산은 '불암산'이라는 이름으로 불리기 시작했다.

실제로도 불암산은 서울을 등지고 돌아서있는 형태이다. 이런 식의 설화를 '산 이동 설화'라고 한다. 재미있는 것은 전국 각지에 존재하는 산 이동 설화 중, 불암산처럼 서울로 가서 입신하는 꿈을 꾸다 좌절된 내용이 적지 않다는 점이다. 구전되는 설화들은 보통사람들의 소박한 소망을 담고 있는 경우가 많다. 어떡하든 서울로 올라가 출세하고 번듯하게 살고 싶다는 꿈이 심지어 산의 설화에도 녹아있는 것이다. 그만큼 서울은 이전부터 사람살기에 기후가 알맞고 경제적, 사회적, 문화적으로 유리한 거주 지역이라 평가받아왔다. 지리적으로도 서울은 주변에 비옥하고 넓은 평야가 펼쳐져 있어 식량 걱정이 없었다. 한강을 끼고 있으니 물 공급이 원활했고 전국 각처에서 올라오는 물자 수송에도 큰 이점이 있었다. 한 나라의 수도로서 정치를 비롯한 모든 분야의 중심지이므로 인재가 집중될 수밖에 없다. 또한 교육기관이 밀집되어 자녀교육에 이상적 환경이었다. 상시 열리는 시장도 발달하여 일상생활에 필요한 것들을 언제든 쉽게 얻을 수 있었다.

그러면 지금도 그럴까. 오늘날에도 서울은 여전히 도시로서 중요한 요소들을 갖추고 있다. 하지만 서울의 거주자들은 도시가 주는 편리함보다 불편함을 더 많이 감수하며 살아가고 있다. 이제 서울은 너무 복잡하고 사람도 많다. 생존 경쟁이 심해졌고 먹고 살기도 쉽지 않다. 어디 그뿐인가. 집값은 너무 비싸고 차는 막히며 대기오염이 점점 악화되고 있다. 사람들은 생계유지를 위해 필요한 경우가 아니라면 서울을 고집할 필요가 없다는 쪽으로 생각이 기울고 있다. 서울은 이미 주거 지역으로서의 장점을 잃어가고 있다. 요즘은 지방의 생활기반 시설이 서울 못지않게 나아졌다. 통신과 교통망의 발달로 물자와 정보의 공급이 원활해졌기 때문이다. 이처럼 지방은 생활 여건 면에서 살 만한 도시로 변모했지만 서울의 매력은 상대적으로 시들해지고 있다.

말이 살기에 천혜의 환경이라던 제주에도 최근 이주붐이 일어 부동산 가격이 큰 폭으로 올랐다. 왜 이런 현상이 발생하고 있는 것일까. 이제는 제주도가 말보다 사람 살기에 적합한 환경으로 변하기라도 한 것일까. 사람들이 특별히 제주에 거주하고 싶어진 이유는 무엇일까. 먼저 맑은 공기와 깨끗한 물, 그리고 자연환경을 꼽을 수 있을 것이다. 다음으로는 생활 여건이 오히려 서울보다 더 나아졌다는 점이다. 학교와 직장을 오가거나 물건을 사고 여가를 즐기는 데 교통이 전혀 방해되지 않는다. 교통 지체로 인한 불편이 없으니 일상의 모든 과정을 예측할 수 있다.

서울의 일상을 떠올려 보자. 서울에서는 작은 일 하나 보는 것도 만만치 않다. 만약 도심에서 누구를 만나려면 우선 버스나 전철을 탈 것인지 자가용을 이용할 것인지를 놓고 고민을 해야 한다. 사람의 움직임이 그 자신의 의지가 아니라 이동 수단에 의해 제어되고 결정되는 것이다. 반면에 제주도에서는 그렇지 않다. 생활의 주체가 사람이 되어 주변의 환경과 시설에 끌려가거나 좌우되지 않는다. 일을 하고, 사람을 만나고, 취미활동을 하는 일상의 모든 일이 전적으로 본인의 의지와 노력에 달려있다. 생각도 여유로워지면서 사람들은 창의력과 집중력, 자신감이 높아지면서 그것이 업무의 효율성이 향상되는 효과로 이어진다. 실례로 국내 한 유명 IT업체가 본사를 제주도로 옮기면서 더 나은 사업 결과물을 만들어내고 있다는 평가를 받고 있다.

한편 연예인을 비롯한 유명 인사들이 제주도로 삶의 터전을 옮긴 것도 제주도 붐을 촉진하게 만든 주요 요인이다. 이들은 각종 TV 오락프로그램을 통해 자연친화적인 슬로우 라이프의 낭만을 선보이곤 한다. 사람들의 주목을 받는 셀러브리티들의 이미지 전파 효과로 사람들은 제주의 풍광에 매료되고 편안한 힐링의 삶을 꿈꾸게 되었다. 보통의 귀농 귀촌은 도시로부터 멀어져 유행과는 담을 쌓고 사는 탈문화의 불안감을 안고 시작하지만 제주의 삶은 자연주의이면서 오히려 서울살이보다 한층 더 유행과 문화의 첨단을 걷고 있다는 이미지를 풍기게 되었다.

생각해보면 서울은 분명 문제가 있다. 주중엔 업무 차량으로 도로가 막히고 사고도 빈번하고, 제시간에 목적지에 도착하기 어렵다. 주말은 한술 더 뜬다. 각종 경조사와 여가활동 목적의 차량들로 도로는 주중보다 훨씬 붐빈다. 일상과 일정, 나아가 삶의 질이 도시의 여건과 상황에 맞추어 조정되고 있는 것이다. 더 큰 문제는 그러한 상황이 좀처럼 나아질 기미가 보이지 않는다는 것이다. 서울에서 지방에 가는 시간보다 서울 내부를 통행하는데 시간과 돈이 더 드는 경우가 발생하곤 한다. 어처구니없는 일이다. 매일 반복되는 교통 혼잡과 교통사고 문제는 사람들의 생활 패턴을 비정상적으로 변화시킨다. 하고 싶은 일도 포기하게 만드는 경우도 다반사이다. 그런 요소들은 도시가 지닌 다양한 장점에도 불구하고 서울을 등지게 하는 원인이 되고 있다.

그렇다면 다른 나라의 도시들은 어떨까. 대부분의 도시는 서울과 비슷한 양상을 보인다. 나라와 인종을 불문하고 사람들은 거주지 선택에 있어 대체로 비슷한 성향과 욕구를 지녔다. 여러 면에서 생활 요건이 우수하고 편리한 도시를 선호하고, 그러한 도시에서 주체가 되어 살기를 원한다. 기반 시설이 아무리 잘 갖추어져 있고 기후가 온화하며 치안이 안정된 이상적인 도시라 해도 원하는 장소까지 원하는 시간에 도착할 수 없다면 심리적으로 위축되고 정상적인 생활이 불가능하게 된다. 그로 인해 삶의 질이 저하되는 결과를 가져온다. 그 때문에 사회 기반 시설이 다소 부족하고 기후가 열악하더라도 교통 문제가 일상생활을 방해하지 않는 곳을 거주지로 선택하게 될 것이다. 서울은 월등한 기반 시설과 우수한 편이성을 지녔으나 교통 문제 때문에 도시로서의 이점을 점점 상실해가고 있다. 그에 비해 제주도는 서울보다 여러모로 열악한 지역이지만 자꾸만 사람들을 끌어모으고 있다. 앞으로는 그와 동일한 이유로 내륙 지방의 중소도시에 대한 이주 선호도가 크게 높아질 것으로 예상된다. 다만 우리나라 사람들의 삶의 터전이 그런 추세로 바뀌는 게 지속적인 현상이 될지에 대해서는 좀 더 흥미롭게 지켜볼 일이다.

Part4

•

우리 교통, 정말 이대로 괜찮을까?

참을 수 없는 일상 속 교통 스트레스 탈출법

지옥 같은 출퇴근 전쟁에서 벗어나려면?

다들 출퇴근 시간에 대중교통을 이용해 본 적이 있을 것이다. 앞뒤 양옆으로 빽빽하게 들어선 사람들에 맞서 균형을 잡으려면 정신을 바짝 차려야 한다. 수십 명의 체온과 땀이 뒤범벅된 차 안의 공기는 숨쉬기조차 힘들다. 그러다 누군가 더 타야 하는 상황이 되면 일은 더더욱 난감해진다. 이미 포화상태인데 또다시 인내의 한계를 넘는 밀착을 강요당하는 것이다. 여기저기서 비명이 들린다. 문제는 그런 상태가 어느 하루의 일이 아니라는 것이다. 지하철이건 버스건 두 번 다시는 타고 싶지 않을 만큼 심각한 불편이 매일 반복되고 있다. 정말이지 지옥이 따로 없다. 그 상태에서 출근을 하면 일하기도 전에 진이 빠져 정상적인 업무가 불가능해진다. 대중교통을 이용한 출퇴근 시간은 편도 한 시간 이상 걸리는 경우가 적지 않아서 거주지의 이동을 고려해야 할 만큼 심각할 때도 있다.

자가용 출퇴근길은 또 어떤가. 끊임없는 교통정체로 인해 고달프기는 매한가지다. 출퇴근길에 주변 교통사고의 여파로 교통 혼잡이 극심한 경우에는 대중교통보다 통행 시간이 더 걸린다. 게다가 주차비, 유류비, 유지관리비 등 만만찮은 지출이 따르기 때문에 재정적인 고통마저 안겨주고 있다. 지나치게 오래 걸리고 고된 출퇴근길은 우리 사회의 경쟁력을 저하시키고 삶의 질을 떨어뜨린다. OECD 국가 간 비교에서도 우리의 출퇴근 통행 시간은 줄곧 최하위권이다. 교통 여건이 비슷한 일본과도 두 배 정도의 차이를 나타낸다. 교통 정책의 오류는 없는지, 도로 운영 방법에 문제는 없는지 세심하게 점검해 보아야 한다.

외국 주요 도시들의 출퇴근길 교통 상황을 살펴보자. 차량 과다로 인한 대도시의 일상적인 혼잡 현상은 한국의 대도시와 별반 다를 게 없다. 하지만 우리와는 전혀 다른 양상을 보여준다. 교통선진국의 대도시에서는 놀랍게도 통행 시간의 예측이 가능하다. 혼잡한 기간과 특성도 일시적 현상이어서 큰 불편 없이 편안하게 직장과 집을 오간다. 그에 비하면 우리의 교통 혼잡은 예상하기 어렵고 비정상적인 운전 행태로 인해 그들과는 상반된 모습을 보인다. 또한 보행과 차량 통행을 방해하는 불법 주정차, 난폭 운전, 무질서한 대중교통 이용 등 우리나라에 만연된 교통 행태가 그들 도시에서는 찾아보기 힘들다.

유사한 교통 환경임에도 그 결과가 확연히 다른 것은 교통법규와 질서를 지키는 시민의 의식과 교통문화의 차이에 있다. 잘못된 운전 행태와 주차습관 등은 통행 시간을 지체시키고 출퇴근길을 고통스럽게 만들고 있다. 그러나 운전자와 보행자 스스로 알아서 교통법규와 질서를 잘 지키는 것은 여간해선 쉽지 않은 일이다. 외국의 사례에서 확인할 수 있듯이 적극적인 교통 운영 관리와 엄격한 단속 정책이 뒷받침되어야 교통 제도와 법규가 정상적으로 준수될 수 있다. 외국에서는 전직 대통령, 국회의원,

장관 등 아무리 힘 있는 정계 인사라도 주차나 교통위반의 단속에서 자유로울 수 없다. 심지어 한 영화에서 뉴욕 경찰이 LA 공항에 잠시 정차한 사이 LA 경찰에 의해 차량이 견인되는 장면이 나올 정도이다. 차량이 견인되기 전에 뉴욕 경찰인 주인공이 현장으로 돌아왔지만, 견인을 막을 수 없는 장면은 아직도 뇌리에 생생하게 남아있다. 우리나라에선 상상할 수 없는 일이다. 교통법규와 교통질서 위반에 대한 단속에서 예외가 없음을 보여주는 바람직한 예라고 할 수 있다.

출퇴근길의 교통은 안전하고 편안해야 하며 길지 않은 통행 시간을 보장하는 것이 원칙이다. 우선적으로 출퇴근이 발생하는 출발지와 목적지를 상세하게 분석하여 대중교통을 다양하게 공급해야 할 필요가 있다. 대중교통이 제공되지 않는 외진 지역에는 새로운 교통시설을 투입해야 한다. 그래야 출퇴근 교통길이 원활해질 수 있다. 예를 들어 경전철이나 마을버스를 현재보다 더 효율적으로 주요 지하철 역사와 연결시키는 방법이 있다. 그러한 방법은 장거리 출퇴근용 버스 등을 운영하는 것보다 대중교통 간의 연계성을 높여준다. 더불어 이는 새로운 대중교통 수요를 창출하여 기존 지하철의 이용도를 높이는 계기가 된다.

대중 교통요금을 출퇴근 시간에만 상향 조정하여 불필요한 통행을 최대한 억제하는 방법도 필요하다. 이를테면 지속적으로 논란이 되고 있는 노인들의 지하철 무임승차를 출퇴근 시간에 일시적으로 제한하면 현재보다 출퇴근 통행이 좀더 수월해질 것이다. 만약 노인들이 출퇴근 시간에 지하철에 탑승하고자 하면 정상요금을 지불하면 된다. 또한 출퇴근 시간에 차량이 갑자기 늘어나는 도로에는 혼잡통행료를 부과하는 방향을 고려해 보자. 현재 서울의 남산 터널에서 시행 중인 혼잡 통행료 제도를 확대하자는 것이다. 혼잡통행료는 주요 도로의 병목 지점과 한강 교량 등에서 요금을 지불하게 하면 된다. 그로 인해 새롭게 확보된 수입은 기존 교통시설을 개선하고 서비스를 향상시키는 데 사용한다면 일석이조의 효과를 얻을 수 있다. 교통체계 관리 기법인 차선 조정, 일방통행, 신호등 시간 조정을 하는 방법도 있다. 차량이 많은 쪽에 통행 우선 혜택을 주면 전반적인 교통 흐름 완화에 도움이 된다. 여러 가지 도로의 여건과 교통량에 근거하여 지역별로 적절한 교통관리를 시행한다면 차량의 혼잡을 해소하고 교통사고도 예방할 수 있다. 이처럼 새로운 지하도로와 고가도로를 도심에 만드는 것보다는 기존의 시설물을 최대 활용하는 것이 여러면에서 더 합리적이고 지속할 수 있는 문제 해결 방법인 것이다.

이처럼 교통 관련 각 분야 전문가들에 의한 교통 혼잡과 교통사고의 근본 원인분석을 바탕으로 공정하고 형평성 있는 융복합 교통정책을 꾸준히 시행한다면 출퇴근 교통 상황은 현재보다 한층 나아질 것이다. 시민들은 이제 지칠 만큼 지쳤다. 덧붙여 우리 사회의 지도자 혹은 기득권층이라고 하는 사람들에게 한 가지 묻고 싶다. 당신들은 단 한 번이라도 출퇴근 시간에 대중교통을 이용해 본 적이 있는가!

고속도로인가 저속도로인가 !

우리나라의 고속도로는 불과 20년전만 해도 별 볼일 없는 수준이었다. 우선 고속도로의 길이가 매우 짧았고, 도로들이 서로 연결되어 있지 않아 연속성 있는 통행이 어려웠다. 그에 비해 지금은 세계 어느 나라와 견주어도 뒤지지 않는 우수한 도로체계로 바뀌었다. 국토의 전 지역에 고속도로가 촘촘하게 연결되어 국가 기간망 역할을 제대로 해내고 있는 것이다. 각 지역 간 통행시간도 단축되어 국토의 균형발전과 지역 경제발전에 큰 기여를 하고 있다. 한 걸음 더 나아가 고속도로 건설 기술은 다른 나라에 수출까지 하고 있다.

하지만 앞으로는 새 고속도로를 건설하는 속도가 크게 더뎌질 것이다. 대규모 예산이 든다는 문제점도 있지만, 미래 통행 수요를 감안하면 경제적 타당성이 낮게 추정되기 때문이다. 설상가상으로 최근 급격히 확장 운영되고 있는 고속철도는 고속도로의 강력한 경쟁자로 부각되고 있다. 항공기 역시 무서운 속도로 발전 중이다. 고속도로를 더 만들어야 할 명분은 점점 희박해지고 있다. 그렇다면 고속도로는 어떤 길을 택해야 할까. 바람직한 해결책이 있다면, 건설보다 운영에 치중하는 것이다. 이제는 도로의 확장 건설에 초점을 두기보다 도로와 도로, 도로와 다른 교통수단 간의 연계와 환승에 집중해야 한다. 건설할 만큼 건설했으니 잘 만들어진 도로 네트워크의 운영관리 수준을 향상시킬 필요가 있다.

향후 도로의 연장이 크게 늘지 않고 차량만 계속 증가한다면 도로 운영기술과 정책은 크게 개선되어야 할 것이다. 일반적으로 도로에서 정체를 보이는 부분은 도로와 도로가 만나는 합류 지점이다. 도로에 진입하고 진출할 때의 차량 속도와 고속도로 내에서 달리고 있는 차량의 속도는 큰 차이가 날 수밖에 없다. 그러한 속도 차이가 도로 전체 구간의 차량 흐름을 느리게 만드는 주요 원인이 된다. 그런 이유로 차량의 진·출입이 일어나는 도로의 출입구(IC)와 연결구간(JC)에서의 도로 운영이 전체 도로의 효율성을 좌우하게 된다. 만일 연결구간에서 정체가 가중된다면 고속도로 전체 구간의 혼잡도 오랫동안 지속된다. 고속도로 주행 중 가다 서기를 반복하는 부정기적 정체 발생은 대부분 연결로 운영방식의 미숙에서 비롯된다. 그간 정보통신기술의 발달로 교통 운영방식도 많은 영향을 받아왔다. 도로 위에서는 차량의 실시간 위치와 속도를 근거로 도로의 혼잡 정보가 제공되고 있다. 새로운 도로 운영 기술과 방식의 핵심은 실시간 정보를 바탕으로 차들이 좀 덜 혼잡한 구간을 선택해 주행하도록 만드는 것이다. 차량을 여러 도로에 적절하게 분산시킨다면 도로 혼잡이 훨씬 덜 할 것이다. 그러한 방식으로 도로 상태를 원활하게 유지하기 위해서는 각종 전자통신 시설물과 교통통제센터가 더 과학적이고 합리적으로 운영되어야 한다. 시설물들의 작동을 위한 소프트웨어의 지속적인 개선도 필요하다.

그러나 현재 도로 운영 현황을 보면 아직은 갈 길이 멀다. 무엇보다 고속도로를 고속으로 달리지 못한다는 현실이 큰 문제이다. 출퇴근 시간이나 주말, 명절의 고속도로 상황은 심각하다. 고속도로가 아니라 저속도로인 것이다. 고속도로가 제 기능을 발휘하게 하는 좋은 방법은 없는 걸까. 원인을 잘 살펴보면 해법이 나오기 마련이다. 교통 혼잡은 도로의 용량보다 많은 차량이 도로 위를 주행할 때 발생한다. 문제의 핵심은 과한 교통량을 적절히 분산시키는 도로 운영인 것이다. 교통량과 여러 도로의 용량을 비교하여 도로의 차선, 연결로 등의 운영을 개선하고 교통정보를 효율적으로 제공하면 어느 정도까지는 혼잡을 줄일 수 있다. 필자는 교통정보와 도로의 특성 분석을 바탕으로 덜 혼잡한 도로들을 경유하여 목적지에 도달하는 시간을 크게 줄인 적이 여러 번 있다. 그 비법도 책에 소개했으니 참고하기 바란다.

이와 같이 교통량 분산으로 혼잡을 줄이고자 할 때 가장 중요한 선제 요건의 하나는 보다 정확한 교통정보 제공이다. 하지만 도로에 교통사고가 발생하면 교통정보를 제대로 관리하고 전달하기 어려운 상황이 된다. 교통 혼잡에 의해 유발된 교통사고는 또 다른 교통 혼잡을 불러온다. 교통사고와 연계된 교통 혼잡은 일반적인 교통 혼잡과 달리 매우 복잡한 구조를 띤다. 그만큼 상태 분석도 어렵기 때문에 혼잡을 단시간에 해소하기가 쉽지 않다. 또한 일반 교통정보 관리방식으로는 교통을 합리적으로 운영하는 것이 거의 불가능하다. 교통사고의 발생 여부나 사고 종류, 처리 기간, 도로의 실시간 현황을 운전자에게 알려주는 방법 정도는 가능하다. 그러나 정작 중요한 우회 경로나 혼잡 회피 방안을 제공하기는 힘들다. 교통 혼잡과 교통사고가 빈번한 현실의 고속도로에서 합리적으로 차량 운행을 관리하고 도로를 운영하는 효과적인 기법의 개발과 적용이 필요한 이유이다.

교통 혼잡 상태에서 교통사고를 유발하는 경우는 갓길 운행, 끼어들기, 위협 운전, 일반 교통법규위반 등이 있다. 이런 위반 행위를 근절하기 위해서는 도로의 운영 단속 장치를 적극 보강해야 한다. 위반 행위를 방지하는 장치를 효율적으로 운영하고 단속을 대폭 강화한다면 운전자의 교통 법규와 질서 위반 의지를 사전에 제거하는 데 도움이 된다. 그렇다면 향후 고속도로의 정상 운영을 위한 대책은 어떤 것들이 있을까. 우선 첫째로 교통사고를 유발하는 과속과 난폭 차량에 대한 단속 강화가 필요하다. 현재 특정 지점에 설치되어 있는 CCTV는 더 이상 효과가 없음이 밝혀졌다. 그보다는 일정한 지점과 지점 사이의 구간 속도 측정을 통한 보다 광범위한 과속단속 방식이 지금보다 훨씬 많은 구간에 확장 운영되어야 한다. 기계에 의한 단속도 중요하지만, 고속도로 순찰대를 더 많이 투입하여 지속적인 단속을 해야 한다. 고속도로에서 과속을 하면 반드시 단속 경찰의 눈에 띈다는 생각을 갖도록 상시 단속을 필수적으로 해야 한다. 또한 과속을 동반한 난폭운전이 교통 흐름을 방해하고 교통사고를 일으키는 주요 요인으로 지목받고 있다. 커다란 굉음으로 다른 차량을 위협하면서 레이스를 벌이는 행위를 단속하여 도로 운영을 정상화해야 한다.

두 번째는 저속 차량에 대한 단속이다. 일반적으로 도로의 제한 속도는 상위 속도뿐 아니라 하위 제한 속도도 정해져 있다. 차량 간의 속도 차이가 커질수록 차량 간 상충 확률이 높아지기 때문이다. 우리나라는 저속으로 운행하면 무조건 안전하다는 인식이 사회 통념으로 자리하고 있다. 그러나 각종 조사에 의하면 오히려 과속 차량보다 규정 속도 이하의 저속 차량이 교통사고와 교통 혼잡을 더 많이 일으킨다는 결과가 있다. 고속도로를 달려본 운전자라면 누구나 공감할 것이다.

예를 들어 시속 100㎞가 제한 속도인 고속도로에서 순행 중, 앞서 달리는 차가 저속으로 달리던 경우를 떠올려보자. 얼마 지나지 않아 앞차 하나 때문에 내 차는 물론 그 뒤 차들이 제 속도를 내지 못한 채 줄줄이 늘어서게 된다. 때아닌 교통 정체가 일어나는 것이다. 그런 상황이 잠시 지속되면 뒤차들 사이에서는 앞지르기 경쟁이 벌어진다. 속도가 내려가 있는 상태에서 추월을 시도해야 하므로 옆 차선에서 빠른 속도로 달려오던 차들과 아슬아슬하게 부딪힐 뻔한 위험 상황이 숱하게 발생한다. 실제 사고가 생기는 경우도 있다. 맨 앞에서 저속으로 달리던 차는 사고 당사자가 아니니 유유히 갈 길을 가면 그만이지만 그 차로 인해 사고를 당한 다른 차들은 억울할 수 밖에 없다. 더 큰 문제는 주행차로인 2차로에 저속 차량이 있는 상태에서 추월차로인 1차로에도 저속 차량이 달리고 있는 상황이다. 양쪽 차로가 모두 지체되니 도로에서는 이른바 '칼치기'로 불리는 무리한 추월과 그로 인한 보복 운전이 일어날 수도 있다. 물론 그러한 범법행위의 당사자들에게 면죄부를 줄 수는 없지만 도로 위의 위험 상황을 만든 저속차량에 대해서는 현행법 상 아무런 규제 장치가 없다는 것은 분명 불합리하다. 교통 선진국에서는 이미 교통 체증과 사고를 유발하는 저속차량에 대해 강력한 제재를 가하고 있다. 우리나라도 하루 빨리 저속차량에 대한 법적 규제 장치가 마련되길 바란다.

세 번째, 주행차로와 추월차로를 확실히 구분하여 운영해야 한다. 현재 우리나라에서는 지정차로가 시행 중이기는 한다. 그러나 실제 도로 위에서는 수많은 운전자가 이를 어기고 있다. 단속 장치와 인원의 보강 등 보다 강력한 제재 장치를 보완하여 지정차로제를 활성화한다면 고속도로 전체의 운영 효율성을 높일 수 있을 것이다. 또한 지속적인 교통안전 캠페인과 운전자 교육을 통해 운전자가 정상적인 고속도로 운전방법을 습관화할 수 있도록 도와야 한다. 언젠가 TV 예능프로그램에서 교차로 정지선 지키기 계몽 프로그램을 방송한 적이 있다. 국민들의 큰 관심과 인식 개혁을 불러온 이 프로그램을 스핀오프 스타일 등으로 리메이크하여 추월차로에서의 주행이나 난폭 운전, 과속 운전, 끼어들기 등 도로 운영과 관련한 새로운 프로그램을 추진하는 것도 바람직할 것이다.

붐비는 도로에서 목적지에 빨리 도달하는 비법

앞뒤로 차가 꽉 막힌 주말이나 휴일, 명절의 고속도로 만큼 절망적인 게 또 있을까. 가장 최악의 사태는 차들이 시속 10킬로 미만의 저속으로 가다 서기를 반복할 때다. 한 걸음 가면 멈추고 멈추는가 싶으면 또다시 움직인다. 무한 반복으로 액셀과 브레이크를 번갈아 밟아야 하는 오른발은 이미 피로를 넘어 감각이 없다. 앞차와 부딪히지 않으려고 눈에 잔뜩 힘을 준 상태에서 벌써 두어 시간이 넘어갔다. 주의력에도 한계가 온다. 그렇다고 사이드브레이크를 올리고 잠시 쉴 수도 없다. 그 짧은 틈이 또 뭐라고 한 칸 앞으로 바싹 당겨주지 않으면 뒤에서 바로 신경질적인 경적이 울리기 때문이다. 뒤돌아 한마디 하고 싶지만, 꾹 참고 액셀을 밟는다. 그 와중에 내 차 앞이 좀 비어있다 싶으면 끼어들기를 시도하는 차량이 있다. 벌써 서너 대째다. 차 한 대 길이 만큼이라도 남보다 빨리 가면 좀 나아지나? 순간적으로 열이 받친다. 안 돼, 난 호구가 아니다. 이번만은 왠지 양보하면 안 될 것 같다. 재빨리 액셀을 밟아 앞차와 생긴 틈을 메꾼다. 헉, 그런데 바로 그 순간, 둔탁한 소음과 함께 온몸에 충격이 온다. 귀찮기 짝이 없는 접촉사고가 나버렸다. 상대도 나와 동시에 속도를 낸 것이다. 그런데 더 기가 막힌 게 있다. 적반하장이라고, 차 문을 벌컥 열고 나오더니 그쪽에서 먼저 소리를 버럭 지른다.

"야 너 뭐야! 당장 나와 봐!"

우리의 주말과 휴가철, 혹은 명절에 붐비는 도로위에서 흔히 겪는 풍경이다. 미국의 한 연구진에 의하면 교통체증이 폭력을 유발한다고 한다. 굳이 그런 연구 결과가 아니더라도 우리는 충분히 그 상황에 공감한다. 겉으로 보기엔 서서히 움직이고 있는 차량 행렬이지만 그 안의 사람들은 이미 스트레스가 포화 지점에 이르러 있다. 그럴 땐 아무리 느긋한 성격을 지닌 사람이라도 상대에 대한 배려심이 실종된다. 일상의 스트레스 유발 요인을 꼽으라고 하면 교통정체는 반드시 몇 손가락 안에 든다. 그런데 매번 반복되는 스트레스라 해도 뾰족한 수가 없으니 모두들 어쩔 수 없이 받아들이고 있다. 교통 혼잡과 정체는 정말 스트레스를 꾹꾹 눌러가며 참아내야만 하는 걸까. 휴가나 명절 때마다 반드시 치러야 하는 일종의 통행세나 수업료 같은 것일까. 교통전문가로서 나는 감히 "아니다"라고 단언한다. 제아무리 촘촘한 방어망이라 해도 잘 찾아보면 빠져나갈 구멍이 있는 법이다. 각종 실시간 정보를 잘 활용하고 현명한 판단력을 더한다면 우리는 그 지옥 같은 교통 정체의 늪에서 무사히 빠져나올 수 있다.

적을 알아야 이길 수 있는 법. 우선 교통 혼잡의 특성에 대해 알아보자. 교통 혼잡은 크게 두 종류로 나뉜다. 하나는 반복적으로 발생하는 일상적인 혼잡이다. 전문용어로 어렵게 써서 그렇지 매일 겪는 출근길 정체를 떠올리면 된다. 또 하나는 비반복적으로 발생하는 혼잡이다. 앞에서 예로 든 휴가철이나 명절,

주말의 도로 정체 같은 경우가 이에 속한다. 반복적으로 발생하는 것은 단순하고 예측이 쉽기 때문에 혼잡을 다루는 일이 상대적으로 그리 복잡하고 어렵진 않다. 문제는 비반복 혼잡의 경우이다. 비반복 혼잡은 사고나 행사, 고장과 같은 특별한 유고 상황에 의해 부정기적으로 발생한다. 예측이 곤란한 상황인 것이다. 그만큼 대책을 세우기도 매우 힘들다. 평소와 달리 급격하게 많아진 도로의 차들과 예상치 못한 교통사고는 복잡하고 심각한 총체적 교통 혼돈을 유발한다. 그러한 상태가 길어지면 그로 인해 해결하기 어려운 또 다른 교통 문제들도 발생한다. 문제의 해결을 위해 관계 당국과 전문가들은 고심에 고심을 거듭한다. 그런 특수 시간대임에도 불구하고 교통시설물을 전부 가동하고 여러 가지 교통체계 관리기법을 활용해 본다. 하지만 그 상태를 해결할 뾰족한 묘수가 나오긴 힘들다.

이를 해결하기 위한 가장 효과적인 방법은 교통 혼잡 관리의 정석에 최대한 충실해지는 일이다. 운전자에게 제일 빠른 경로와 사고 정보를 알려주는 교통정보서비스를 극대화하면 된다. 사실 한 치 앞도 예측하기 힘든 극심한 교통 혼잡 상태에서 신속하고 정확하게 각종 교통정보를 제공하기는 쉽지 않다. 시시각각 변동되는 실시간 교통상황(교통사고, 고장, 이벤트 등)을 교통정보의 생산 과정에 포함시킨다고 해도 적지 않은 오류와 오작동이 일어나게 된다. 그 결과 운전자의 입맛에 맞는 정확성 높은 정보가 나오기는 쉽지 않은 일이다. 하지만 그런 점을 감안한다면 전반적인 경로 안내에는 큰 문제가 없다. 그다음부터는 개별 운전자의 몫이다. 길을 떠나기 전에 운전자는 제일 먼저 도로의 연결 구조를 잘 숙지해야 한다. 우선 머릿속에 목적지까지 가는 동안의 전체 경로를 파악하고 국도나 지방도 등 고속도로와 이어진 연결도로 전반에 대해 잘 알아두는 게 좋다. 그래야 경로를 변경할 때 현명하고 재빠른 대처가 가능해진다. 다음 순서는 실전 상황이다. 일단 도로에 올라서면 내비게이션이 알려주는 실시간 교통정보를 활용하여 가장 최적화된 선택을 해야 한다. 새삼 강조하지만 이런 선택은 운전자가 경로와 도로여건을 잘 꿰뚫고 있어야만 가능하다. 필자는 실제로 그와 같은 방법을 통해 정체가 극심한 도로에서 이동 시간을 단축한 경험이 있다.

주말이 낀 연휴 기간이었는데 집안에 행사가 있어 지방에 내려가야만 했다. 당일 아침 새벽부터 도로는 서울 수도권을 빠져나가기 위한 차량이 한꺼번에 몰리면서 이미 주차장처럼 변해있었다. 출발 전 필자는 모든 교통정보 채널을 검토해보았다. 그리고 그중 가장 빠른 여행 시간이 표시되는 경로를 탐색하여 선택한 후 출발했다. 서울을 빠져나가는 도로의 초입부터 차들은 거북이처럼 서행 중이었다. 서울과 수도권의 여러 지점에 사는 친척들도 비슷한 시각에 같은 목적지를 향해 운행을 시작했다. 처음엔 여섯 대의 차가 모두 같은 고속도로 위에 있었다. 출발 후 약 한 시간 반 정도가 지나자 도로 분기점 표지가 나타났다. 실시간 교통정보 앱에서는 분기점에 연결된 다른 고속도로로 갈아타고 주행하는 게 가장 빠르다고 안내했다. 그런 상황이라면 아마 다른 자동차들은 앱의 정보에 따라 움직일 확률이 컸다. 하지만 필자는 살짝 의문이 생겼다. 분기점 부근에도 차가 너무 많아 분기점을 통과하는 데만도 수십 분이 걸리는 상황이었다. 그 차들이 전부 앱의 정보를 참고하여 경로를 결정하게 된다면 어떤 일이 벌어질까. 분명 앱에서 가르쳐주는 그 길도 똑같이 밀릴 게 틀림없었다. 필자는 사전에 습득한 도로의 연결정보와 실시간 도로 상태를 감안하여 경로를 결정하기로 했다. 앱의 안내와는 달리 그때까지 타고 있던 고속도로를 계속 주행한 후 국도로 빠지는 방법을 택한 것이다. 놀랍게도 필자의 예상은 적중했다. 그러한 방법으로 주행한 결과 평상시 목적지까지 걸리던 시간보다 불과 4~50분 정도밖에 안 늦은 시간에 도착할 수 있었다. 먼저 도착해 살펴보니 함께 출발했던 나머지 다섯 대의 차는 한 대도 보이지 않았다. 그들은 그로부터 2시간이나 더 지난 후에 목적지에 도착했다.

예상대로 그 차들은 교통정보 앱의 안내에 따라 주행했다고 한다. 그 탓에 차가 너무 밀려 화장실조차 들르지 못한 채 5시간 이상을 꼬박 차 안에 갇혀 있어야 했다. 참으로 고역스러운 일이었을 것이다. 물론 도착 직후 다른 차 운전자들에게 필자가 통과한 경로를 알려주긴 했다. 하지만 그때는 이미 교통 혼잡이 더욱 극심해져 다른 경로로 이동하는 것 자체가 불가능했다고 한다. 교통정보 제공 차원에서 보자면 이 사례는 명백히 큰 사고로 규정할 수 있다. 무엇 때문일까. 평소보다 두 배 이상의 여행 시간이 걸려서일까. 그게 아니다. 문제의 핵심은 다른 곳에 있다. 분명 덜 혼잡한 길이 있음에도 불구하고 교통시스템이 그것을 제대로 안내하지 못한 것이다.

그와 같은 사례에서 우리는 두 가지 사실을 확인할 수 있다. 첫 번째는 교통 혼잡이 극심할 때 실시간으로 도로의 상황을 파악하고 그에 따른 교통정보를 정확히 제공하는 것은 매우 어려운 일이라는 점이다. 두 번째는 실시간 경로 정보 활용 못지않게 중요한 것은 국도나 지방도 같은 각종 연결도로를 사전에 점검하여 운전자 자신만의 경로를 염두에 둬야 한다는 점이다. 또 한편으로는 그러한 두 가지 사실을 종합하여 휴가나 명절 등의 비반복 혼잡상태에 대한 효과적인 교통대책을 도출해볼 수 있다. 교통사고와 혼잡이 갑자기 여러 곳에서 발생하여 차량이 몰리는 시간대에는 일상적인 반복 혼잡 상태와는 다른 방식으로 주어진 교통정보를 활용하는 것이 바람직하다. 그리고 현재 도로 교통정보는 도로 종류별로 따로따로 생산되는 체계로 운영되고 있다. 고속도로와 국도, 지방도 등 모든 도로의 차량 흐름 정보 생산과정이 통합적으로 운영된다면 운전자의 경로 선택 폭이 기존보다 훨씬 넓어질 수 있다.

이 시점에서 다시 한번 정리해 보자. 주말이나 휴가철, 명절의 도로에서 빨리 목적지에 도달하는 방법은 다음과 같다. 우선 출발 전 미리 목적지까지 이르는 구간의 각 도로 연결 구조에 대해 공부를 하자. 필자와 동시에 출발한 다른 일행 차들은 고속도로 중심의 정보에만 의존했기 때문에 큰 낭패를 보았었다. 출발 전 목적지까지의 도로구조와 연결 지점을 명확하게 인지한 후 운전을 하면 고속도로 외에 국도, 지방도, 시군도로들까지 선택의 폭이 넓어진다. 그 다음, 도로라는 실전에 나가면 실시간 교통정보와 조합하여 자신만의 경로를 찾아보자. 필자가 교통전문가라서 길을 잘 찾은 게 아니다. 출발 전 미리 도로 관련 위치와 연결정보를 습득하고 실시간 정보와 조합하는 일은 어느 운전자나 할 수 있다. 한 가지 더 조언을 곁들인다면 주변 지리에 익숙하지 않은 운전 초보자의 경우, 고속도로를 중심으로 경로를 선택하는 것이 좋다. 운전 숙련자의 경우는 지속적으로 실시간 정보를 확인한 후 경로를 변경하는 것이 바람직하다. 특히 서울 수도권은 진·출입부에서 경로 선택을 어떻게 하느냐에 따라 전체 이동 시간이 좌우되는 경우가 많다.

과잉공급 된 택시, 막상 타려면 없다

택시는 일반적으로 준 대중교통(Para Transit)으로 분류되며 대중교통과 개인 교통의 중간적인 역할을 한다. 요금만 지불하면 누구나 탈 수 있는 대중교통이면서 동시에 출발지부터 목적지까지 개인이 단독으로 차량 이용이 가능하여 두 가지 교통수단의 특성을 모두 보유하고 있다. 그런데 우리 택시는 현실적으로 대중교통에 더 가깝다. 거리에서 언제나 손쉽게 이용할 수 있고 일본이나 유럽과 비교하면 상대적으로 요금이 저렴하기 때문이다. 또한 승객이 원하는 시간에 가고 싶은 장소까지 신속하게 운행된다는 장점이 있다. 출퇴근 시간이나 악천후, 심야에는 상당히 유용한 교통수단이다. 그런 여러 가지 편리한 점들로 인해 대부분의 광역도시에서 택시 분담률은 10% 초중반을 꾸준하게 유지하고 있다.

최근에는 우리나라 어느 지역에서든 택시를 손쉽게 잡아탈 수 있을 정도로 그 숫자도 많이 늘어났다. 하지만 택시의 공급이 과다해지면서 여러 가지 부작용도 나타나고 있다. 택시 운영상의 문제점 때문에 택시 수는 많아도 정작 타려면 없는 경우가 많다. 수요가 몰리는 시간대에 택시 타기는 하늘의 별 따기만큼 어렵다. 서울은 7만 대 이상의 택시가 등록되어 있지만 실제로 도로에서 동시에 주행하고 있는 택시 수는 그보다 훨씬 적은 실정이다. 예를 들어 개인택시의 경우, 악천후나 늦은 밤에는 영업을 잘 하지 않는다. 그처럼 택시의 공급과 수요가 시간대별로 적절하게 조정되지 않으니 택시 수요는 있지만, 택시는 없는 기이한 현상이 반복되고 있는 것이다. 또한 일부 택시의 교통질서를 무시한 운행 행태나 외국인 상대 과다요금 청구, 승객에 대한 불친절 등도 문제이다.

택시 수가 많아지면 승객들은 반길 만 한 일이지만 택시의 입장에서는 승객 유치를 위한 경쟁이 치열해진다. 택시 승객의 수가 변하지 않는 상황에서 택시 대수만 증가하면 택시 한 대당 수입은 적어지게 마련이다. 자연히 개인택시 기사나 택시 회사가 재정적인 어려움을 겪게 된다. 게다가 최근 대부분의 대도시는 대중교통 시설과 운영이 큰 폭으로 개선되어 대중교통 이용 승객이 꾸준히 증가하고 있다. 자가용의 보유 대수도 지속적으로 증가하고 있어 상대적으로 택시 승객은 감소할 것이다. 이를 감안하면 앞으로도 택시 운영은 경영난이 가중될 것으로 예상된다. 그러한 문제점에도 불구하고 택시는 도시에서 꼭 필요한 교통수단이다. 단거리 업무나 긴급한 이동을 해야 할 때, 대중교통 시설이 갖춰지지 않은 지역으로 이동할 경우에는 택시의 역할이 필수적이기 때문이다. 택시는 대중교통과는 명확하게 다른 장점을 보유하고 있다. 택시 본연의 기능을 살리면서 현재의 문제점을 개선할 수 있는 새롭고 획기적인 운영방식이 마련되어야 한다.

최근 미국이나 중국의 택시 운영 방식은 이제까지와

는 전혀 다른 개념이다. 우리나라는 아직도 대부분의 택시가 배회 방식에 의존한다. 그러나 두 나라의 경우 모든 택시가 완전한 콜 방식으로 운영되고 있다. 우버(Uber), 리프트(Lyft), 디디추싱(滴滴出行) 등이 새로운 개념으로 운영되는 대표적인 택시들이다. 이런 택시들은 위성항법장치(GPS)를 기반으로 서로 위치를 공유하고 승객이 부르면 바로 이동하는 방식이다. 그들 나라에서는 이제 택시라고 하면 당연히 그러한 방식의 택시를 의미한다. 언젠가 미국의 낯선 거리에서 스마트 폰 앱으로 택시를 부른 적이 있다. 놀랍게도 몇 분이 채 안 되어 필자가 서 있는 장소로 택시 한 대가 도착했다. 직접 경험해보니 한 편으론 신기했고 그 이용의 편리성에 감탄이 절로 나왔다. 언제 어디서나 택시 이용이 가능하다는 것도 인상적이었다.

현재 우리나라도 부분적인 콜 방식이 있기는 하다. 그러나 우리와 그들과의 차이점은 택시를 호출했을 때 제시간에 도착하는 확률의 차이에 있다. 미국이나 중국의 콜택시 운영 방식은 우리나라보다 승객이 원하는 시간과 장소에 딱 맞게 도착하는 경우가 훨씬 많다. 또한 완전 콜택시 방식이 부분적 방식에 비해 서비스 경쟁을 통한 요금 인하 가능성이 크기 때문에 승객의 입장에서도 상당히 유용하다. 그런데 한 가지 더 주목해 보아야 할 점이 있다. 미국이나 중국에서는 누구든 일정 자격만 갖추면 그 같은 콜 방식의 택시 영업이 가능하도록 제도화되어 있다. 개인 자가용을 활용하여 택시 영업이 가능한 것이다. 대중교통 발달과 인구 고령화가 진행됨에 따라 대부분의 도시에서는 자가용 운행 거리가 점점 줄어들고 있다. 그에 따라 차가 움직이는 시간보다 거주지 주차장에 주차되어 있는 시간이 더 길어졌다. 그 같은 유휴 차량을 콜 방식으로 운용한다면 자동차의 활용 측면에서 바람직할 것이다. 이른바 자동차 공유(Car Sharing) 방식의 일환이라 보면 된다. 자동차를 구입하여 본인도 쓰고 다른 사람과도 나눠 쓰면서 자동차의 이용도를 최대화한다는 데 의의가 있다.

아쉽게도 우리나라는 아직 개인 자가용을 이용한 택시 영업이 허가되지 않고 있다. 제도가 미비하여 미국과 중국 같은 새로운 콜 방식의 택시 운영이 불가능한 상태이다. 일부 택시가 콜 방식으로 바꾸어 운영하고 있지만 여러 가지 문제점을 안고 있다. 콜 방식 관리 시스템이 낙후되어 불필요하게 많은 비용이 들어가고 운영 효율성도 떨어진다. 택시 수의 증가로 인한 여러 가지 불합리한 면과 불투명한 재정적 미래 등, 우리나라 택시의 현실적 문제점을 극복하기 위해서는 기존의 모든 택시에 대해 스마트폰 앱을 활용하는 완전 콜택시 방식을 도입할 필요가 있다. 택시의 대고객 서비스는 스마트폰을 통해 실시간으로 평가되어 택시 운영에 반영된다. 그렇게 되면 택시는 보다 많은 승객 유치를 위해 스스로 차량 관리와 운전 품질을 향상시키려 노력할 것이다. 또한 고질적인 불친절 문제도 해소될 것이다. 택시의 안전성과 편리성이 더욱 향상되며 잠재되어있던 택시 수요도 대폭 창출될 것이다.

현재 방식처럼 정부 정책과 택시회사에 의존하는 운영으로는 산적한 택시 관련 문제들을 해결하기 힘들다. 시장 경쟁에 맡김으로써 자율적인 개선이 이루어지도록 하는 편이 바람직하다. 새로운 방식의 택시 운영을 채택한 다른 나라들의 선례를 보면 택시 운영에 직접적으로 정부가 개입하는 것은 불필요한 일이다. 택시 서비스의 개선에도 도움이 안 된다. 또한 제도를 고쳐 개인 자가용에도 콜택시 영업을 허용해야 한다. 그러한 제도는 원하는 시간과 장소에서 제때 택시를 탈 수 있는 빈도를 늘려 승객의 편의성을 높여줄 것이다. 유휴 차량의 활용도가 높아져 개인적인 소득이 발생하고 전 국가적으로도 불필요한 자원 낭비를 줄일 수 있다. 새로운 콜 방식을 통해 택시 운영 수익이 늘어나고 서비스 품질이 좋아진다면 우리 사회가 지닌 택시의 문제점들은 저절로 해결될 것이다.

사족이지만, 사실 스마트폰 앱을 활용한 콜 방식은 10여 년 전에 필자를 비롯한 우리 교통전문가들 사이에서 먼저 논의된 적이 있다. 우리가 망설이며 실행에 옮기지 못하는 새에 미국과 중국이 먼저 사업화에 성공한 것이다. 그 결과 새로운 콜 방식을 채택한 두 나라는 관련 시장을 선점하며 전 세계를 석권하고 있다. 또한 사람들의 일상에서도 편리하게 잘 활용되고 있는 모습을 보면 씁쓸한 느낌이 드는 건 어쩔 수 없다.

교통 정책 이대로 좋은가!

요즘 각 도시에서는 '사람 중심의 교통'이라는 슬로건을 자주 볼 수 있다. 사람 중심의 교통이란 무슨 의미일까. 아마도 교통의 초심과 기본을 잊지 말자는 뜻일 것이다. 교통은 인간의 모든 이동행위를 말한다. 집과 직장, 또는 학교에서 우리는 움직이지 않고 머물러 있을 수만은 없다. 출발지에서 목적지까지 반복적이고 빈번한 이동이 지속적으로 발생하는 게 우리의 일상사다. 사람의 움직임이 곧 교통을 의미하고, 그렇다면 사람이 교통의 중심인 것은 맞다. 대부분의 도시가 새로운 교통 정책 기조로 사람 중심의 교통을 강조하는 이유는 그동안은 교통이 사람 중심이 아니었다고 자인하는 것은 아닐까. 사람이 편리하기 위해서라기보다 자동차의 통행을 위해 도로를 만들고 주차장을 짓고 신호등을 설치하게 된 것은 아닐까. 그 결과 정작 사람은 잊혀지고 자동차가 주인이 되어버린 것은 아닐까.

그렇다. 그동안 자동차 통행에만 너무 집중한 나머지 자동차를 상전으로 떠받들며 살아온 것이다. 지하철, 버스, 택시 같은 대중교통 활성화에 노력과 시간을 투자해온 것도 실은 사람을 위해서라기보다 자동차 통행에 방해가 되는 도로 혼잡을 피하기 위해서였다. 사람을 위한 편의라는 본래 목적은 사라져 버린 것이다.

그럼 대중교통에서는 사람이 중심이 되어 왔을까. 대중교통의 가장 큰 단점은 개인의 통행 패턴과는 별개로 차량 운행 일정과 시설물 위치에 사람이 맞춰야 한다는 것이다. 결코 사람 중심의 교통이라고 할 수 없다. 대중이 이용하는 공공시설이라는 특성을 백번 감안하고 정류장에 시간을 맞춰 나간다고 치자. 출퇴근 시간의 버스나 지하철은 포화상태를 넘어 터지기 일보직전이다. 사람이 마치 짐짝처럼 실어날리는 느낌이다. 그럼에도 불구하고 그들은 승객의 불편에는 아랑곳하지 않고 무심하게 주어진 스케줄대로만 운행하면 그만이다. 대중교통에 사람이라는 존재 따위는 안중에도 없는 것이다.

택시는 또 어떤가. 택시란 것은 본래 승객의 요구에 의해 언제 어디서든 사용할 수 있어야 한다. 승객이 원하는 장소까지 편안한 서비스를 하게 되어있다. 그래서 요금이 다소 비싸도 택시를 잡아타는 것이다. 그러나 막상 내가 타려 하면 그 많던 택시가 다 어디로 간걸까. 추운 겨울 심야시간에 아무리 사정을 해도 택시가 서주지 않아 먼 길을 걸어간 경험은 필자에게만 있었던 것은 아닐 것이다. 편안한 서비스는 커녕 타는 내내 과속과 난폭운전에 시달리며 혹시나 사고라도 나지 않을까 싶어 가슴을 졸이기 일쑤다. 그러니 택시 역시 사람 중심의 교통은 절대 아니다.

그러한 불편을 겪느니 차라리 걷겠다는 사람이 있을지 모르겠다. 그렇다면 보행 환경은 사람 중심으로 되어있을까? 우리나라 대부분의 도시에서 보행은 피할 수 없는 중요 교통행위이다. 하지만 보행로가 엉망인 곳이 많다. 중간에 길이 끊기거나 보도블록 여기저기가 패여 편안하게 걸을 수가 없다. 툭 튀어나온 맨홀 뚜껑과 보행로를 점유한 자전거 거치대, 걸려 넘어지기 딱 좋은 인도와 차도의 경계석까지 일일이 신경 쓰며 걸으려면 몹시 피곤해진다. 도로를 횡단하는 횡단보도도 위험하기 짝이 없다. 보행 시설까지도 사람 중심으로 만들어지거나 운영되고 있지 않은 것이다. 보행로가 사람이 걷는 곳이란 사실을 염두에 두고 설계한 게 맞긴 한걸까. 횡단보도도 마찬가지이다. 수많은 교차로는 각기 다른 교통 특성을 보인다. 횡단보도를 설치할 때는 각각의 특성을 신중하게 반영해야 한다. 보행을 위한 현재의 시설물 설치는 해당 교차로의 교통흐름과 보행자 동선을 고려하지 않은 경우가 많다. 잘못 설계된 횡단보도보다 더 위험한 건 도로 위 운전자의 그릇된 인식이다. 보행자는 평생 보행만 하지 않는다. 운전자라고 해서 평생 운전만 하는 것도 아니다. 차를 운전하지 않을 때는 본인도 보행자이다. 그런데 운전대를 잡으면 사람들은 그런 사실을 까맣게 잊은 채 보행자를 무시하고 위협한다.

그럼 도대체 '사람 중심의 교통'이란 무엇을 말하는 것일까. 일부 교통 정책 입안자들은 사람 중심의 교통 정책이 보행로만 많이 만들면 되는 것이라 오해한다. 그러나 사람 중심의 교통 환경을 만드는 것은 그리 간단하고 단순한 일이 아니다. 도로의 설계와 운영이 자동차의 운행보다는 사람의 통행에 초점이 맞추어져야 한다. 대중교통의 계획 단계에서도 개인의 통행 패턴과 성향, 편의성과 안전성을 충분히 반영해야 한다. 또한 보행 시설의 관리와 운영 시, 보행자의 관점에서 광범위하게 안전과 편의성을 고려해야 한다. 교통신호등이나 표지판, 안내판 등 도로 시설물의 설계와 설치는 운전자의 시선과 위치를 감안하여 잘 보이게 하는 것이 중요하다. 운전자의 입장은 고려하지 않은 채 설치가 손쉬운 지점만을 감안하여 운영 중인 시설물은 반드시 찾아내어 개선해야 한다.

주차장의 경우에도 사람 중심의 교통을 위한 혁신적 변화가 필요하다. 현재 운영되고 있는 주차면의 폭을 보면 탄식을 금할 수 없다. 주차면 폭의 기준이 수십 년 전의 차량을 기준으로 설계되어 사람이 타고 내리는데 큰 불편을 주고 있다. 이로 인해 차 문을 열 때 옆에 세워진 차량에 흠집을 내는 이른바 '문콕' 이 자주 발생하고 옆 차량 간에 잦은 시비가 벌어지게 된다. 차에서 사람이 내리고 탄다는 생각을 하지 않은 채 단지 차를 세울 수 있는 주차공간만 설계하고 만 것이란 의심을 떨칠 수 없다. 그러한 공간을 만든 사람들은 좁은 주차 면이 불편하지 않은 걸까. 주차면 설계 기준을 담당한 이들은 도대체 무슨 생각으로 정책을 집행하고 있는 것일까. 사람에 대한 배려가 부족한 건 물론이고, 주차면의 설치 기준조차 무려 수십 년 전 것으로 주차장을 만들고 운영하는 우리 현실이 한 교통전문가로서 심히 부끄러울 뿐이다. 교통 선진국에 가보면 우리의 주차장이 얼마나 불편하고 위험한지 금방 깨달을 수 있다. 어딜 가든 주차장에서 차를 내리고 타는 데 불편을 겪지 않는다. 사람 중심의 주차 정책이란 운전자라는 '사람'이 차에 타고 있음을 명확히 인지하고 감안한 상태에서 도로의 환경을 만드는 것이다.

대중교통 또한 많은 사람이 동시에 대형 교통수단을 이용하기 때문에 승객의 안전에 가장 주안점을 두는 게 당연하다. 현재 가장 심각한 문제인 차내 혼잡을 줄이려는 여러 가지 노력도 필요하다. 우선 사람이 많이 몰리는 노선과 시설부터 개선해 나가야 한다. 대중교통 계획에서는 여러 가지 안건들을 고려하여 설계와 건설이 진행된다. 무엇보다 도시의 각 세부 지역마다 사람들이 왜 통행을 하고 어떤 교통수단을 더 선호하는지 등 요구사항을 충분히 반영하는 게 중요하다. 예를 들어 같은 구간에서 대중교통 수단끼리 경쟁하는 경우는 최대한 배제해야 한다. 사람들의 이용 패턴을 감안하여 대중교통 간의 연계방식을 만드는 게 바람직하다. 사람 중심의 교통정책이란 한 마디로 사람이 이용하기 편리하고 안전한 방법으로 정책을 설계하고 운영하는 것이다.

그럼 구체적으로 어떤 정책이 진정 사람을 위하는 것일까. 우선 교통의 기본인 출발지와 목적지 통행을 살펴보자. 개인 교통이 대중교통보다 편리한 이유 중 하나는 양문형(Door-to-Door)서비스를 제공한다는 점이다. 양문형 서비스는 출발지에서 도착지 사이를 보행 등 다른 수단 없이 직접 연결하는 것이다.

물론 대중교통에 이런 서비스를 도입하기는 쉽지 않다. 그러나 그에 최대한 근접할 수는 있다. 맞춤형 대중교통 수단을 만들어 출발지와 도착지에 직접, 또는 인접한 곳에 제공한다면 대중교통을 이용하는 사람들이 훨씬 편해질 것이다. 예를 들어 아파트 단지라면 출퇴근 시간에 단지에서 주요 지하철 역사까지 맞춤형 소형버스를 운행할 수 있다. 그렇게 되면 주민들은 아파트에서 버스 정류장까지 걸어가고 또 거기서 버스를 탄 후 지하철역까지 이동하는 번거로움을 줄여줄 수 있게 된다. 택시 운행을 사람 중심으로 바꾸는 방법은 의외로 간단하다. 현재 일부 콜 시스템이 사용되고 있기는 하지만 대부분의 사람은 거리에서 무작위로 택시를 잡고 있다. 사람의 입장에서 가장 편리한 택시 운영방식은 승객이 있는 곳이 어디든 원하는 시간에 즉시 도착하는 것이다. 미국과 중국의 콜택시 방식을 도입한다면 우리도 사람 중심의 택시 운영이 가능할 것이다. 또한 그들처럼 개인 자가용의 택시 영업을 허용하여 특정 시간대의 택시 공급 부족 문제를 해결하고, 수요 급증 시에도 승객의 호출에 즉시 응하게 여건을 조성해야 한다. 이미 여러 시장에서 시행착오를 거쳐 성공을 거둔 방식인 만큼 우리나라도 시급하게 받아들여 시행할 필요가 있다.

요즘 운영 중이거나 계획하는 정책 중 사람 중심의 교통에 부합하는 바람직한 방법들도 있다. 대중교통 몰과 보행자 몰의 운영, 지하철 24시간 운영 등의 정책이다. 대중교통 몰이란 대중교통과 보행자의 통행만 허용되는 방식이다. 이에 비해 보행자 몰은 보행자만 통행할 수 있다. 그런 특정 지역에서는 보행자의 안전성이 크게 향상된다. 자연히 보행도 활성화되고 사람 중심의 교통 환경을 만들 수 있다.

지하철 24시간 운영은 사람 중심의 지하철을 구현하는 가장 효과적인 방법이다. 필자는 오래전부터 지하철 24시간 운영을 주장해왔다. 그러나 부작용을 우려하는 강력한 반대 의견으로 그동안 뜻을 이루지 못했다. 최근 서울시에서 지하철 24시간 운영을 시행하려 한다니 개인적으로도 매우 반가운 일이다. 그 시행 방식은 먼저 특정 노선의 운영 시간을 현재보다 1~2시간 연장하는 시험 운행을 통해 현장 적용 여부를 가늠해보게 된다. 이후 심야 지하철 수요가 많이 발생하는 노선에 24시간 확장 운영하는 점진적 단계를 거친다면 별 무리 없이 안정적으로 정착할 수 있을 것이다. 이처럼 지하철 24시간 운영은 시간대에 구애받지 않는 사람들의 통행 권리를 보장하는 필수적이고도 중요한 정책이다.

사람 중심의 교통을 실현하기 위해서는 도로 공급자보다는 운전자 중심으로, 버스 회사보다는 승객 중심으로, 관공서보다는 정책 대상자 중심으로 교통 정책을 운용하여야 한다. 그런 원칙을 실현하기 위해서는 첫 번째, 대중교통 보조금은 승객의 편의성 향상과 교통시설물의 안전성 강화를 위해 사용되어야 한다. 또한 교통시설물로부터 얻은 수익금도 대중교통의 운영에 재투자되어야 한다. 정책 입안자 역시 시민의 한 사람으로서 사람 중심의 교통 환경을 만들어간다는 자세로 정책을 집행하는 것이 바람직하다. 더불어 시민들의 목소리에 좀 더 가까이 귀 기울일 수 있는 제도와 체계를 수립하여 시행해야 한다.

두 번째로 현재 운영되고 있는 도시 교통 시설물과 정책에 대한 평가를 보다 객관화, 심층화해야 할 필요가 있다. 정부에서 교통 부문에 예산은 투자하고 있으나 그 효과에 대한 분석은 일시적이고 겉모습을 갖추기 위한 일종의 전시행정에 그치고 있는 형편이다. 보다 정기적이고 냉철한 평가를 통해 결과가 좋게 나온 정책은 유지 확장하고 좋지 않은 것은 과감하게 폐기하는 객관적 근거로 활용해야 한다.

세 번째, 사람 중심의 정책을 실현하기 위해 정부 주도보다 시장 주도 사업이 추진되는 것이 바람직하다. 시민들의 요구를 즉시 수용하고 운영상 문제점을 파악하여 실질적으로 개선하기 위해서는 현재와 같은 관 주도 방식보다 자유 경쟁 체제가 갖추어져야 한다. 그러한 경쟁 구도 속에 교통 현안을 맡긴다면 보다 효율적인 결과가 도출될 것이다.

끝으로 교통서비스 요금의 재편을 통한 자율적인 서비스 개선을 꾀해야 한다. 보다 편리하고 안전성 있는 서비스는 요금이 높고 그렇지 못할 경우 낮은 요금을 부과하는 게 마땅하다. 그와 같이 교통서비스의 종류와 질에 따라 요금을 균형 있게 재편한다면 교통 서비스의 품질은 더욱 향상되고 가격 대비 만족도 측면에서도 합리성을 기할 수 있을 것이다.

거꾸로 가는 운전면허제도

자동차 운전면허제도는 운전자가 도로에서 자동차를 운전할 능력을 갖추었다고 국가가 인정하는 공식 허가증이다. 동시에 운전자는 도로의 모든 규칙과 교통질서를 지킬 의무가 있고 자신의 운전 행위에 대해 전적으로 책임을 져야한다는 의미를 내포하고 있다. 자동차 운전은 도로 위의 인증서이며 안전 운전을 하겠다는 일종의 서약과도 같다. 운전면허증이 여권이나 주민등록증과 동일하게 사람의 신분을 확인하는 증명서로 활용된다. 그만큼 운전 면허증은 국가적으로 공신력을 인정받고 있다. 또한 자동차 운전을 할 수 있으면 경제, 문화, 여가 활동 등에 도움이 된다. 생계에 절대적 역할을 하는 경우도 있다. 운전면허증은 우리 일상에서도 중요한 요소이다.

그런 특성을 감안한다면 운전면허의 취득과정과 관리 절차는 매우 철저하고 합리적으로 운영되어야 한다. 관련 교육도 그에 못지않게 중요하다. 도로에서 운전을 할 수 있다는 것은 운전 기술 외에도 기본적인 교통질서와 교통문화 의식, 도로와 교통 시설 운영에 대한 지식, 교통 관련 법규 등에 대해 충분히 교육받았다는 의미이다. 비록 운전면허 취득 절차를 통해 면허증을 발급받았다고 해도 사후 교육이나 캠페인 등을 할 필요가 있고, 만일 운전자가 교통사고를 냈을 경우, 보다 강력한 안전교육과 교통문화 교육을 통해 향후 사고가 재발되지 않도록 할 필요도 있다.

자동차 보급률이 늘고 통행량이 많아지면서 운전면허 제도에 대한 국민의 인식도 높아지고 그 중요성에 대한 관심도 집중되고 있다. 하지만 현재 운전면허 제도는 그런 주변 여건에 걸맞게 운영되고 있는 것일까. 결론부터 말하자면 그렇지 않다. 운전면허제도를 통해 운전면허자격을 취득한 운전자가 도로에서 안전하고 편안하게 운전하기 힘든 실정이다. 거기에는 몇 가지 원인이 있다.

우선 운전 기술을 제대로 배우지 못한 것이 그 첫 번째 원인이다. 현재 운전면허 필기시험과 실기시험은 제대로 된 자동차 운전 방법을 습득하기엔 그 내용과 수준이 현저히 미흡하고 부족하다. 지금의 필기시험 내용은 너무 단순 암기 위주로만 되어 있다. 교통안전, 교통문화, 교통시설, 교통운영 등 교통 관련 법규와 교통 전반의 필수 지식을 모두 이해하는지 확인하는 광범위한 이해도 평가로 바뀌어야 한다. 실기시험도 도로 안전과 다른 운전자의 안전을 보장할 수 있을 정도로 운전기술이 체득되었는지 확인하는 시험방법과 평가 기준으로 완전히 재편되어야 한다. 최근의 운전면허 실기시험은 오히려 예전 방식보다 평가기준이 훨씬 약화되었다. 도로의 안전도 개선과 향상 필요에 역행하는 행태를 보이고 있는 것이다.

그 이유는 운전면허 시험의 주요 부분이 민간에게 이양되었기 때문이다. 왜 민간이 국가의 자격시험절차를 대행하게 되었는지 의심스럽고 안타까울 뿐이다. 만약 운전면허 취득자의 운전 기술과 지식 부족으로 교통사고가 발생한다면, 해당 검정을 주관한 민간회사가 운전교육 미흡에 대한 책임을 질 수 있는건지 아무리 생각해 보아도 이해하기 어렵다. 보다 철저한 교통안전 위주의 운전면허 제도를 운영하기 위해서는 모든 관련 절차를 국가가 주관하고 책임지는 방향으로 되돌려져야 마땅하다.

두 번째 원인은 운전면허시험 과정과 절차에서 주관기관의 전문 인력과 경험이 제대로 활용되지 않는 점이다. 현재 우리나라 운전면허의 전반적인 관리는 도로교통공단이라는 공공기관에서 전담하고 있다. 50년 이상 운영되어온 조직이기 때문에 운전면허 관련 전문 인력과 지식, 경험 등이 충분히 축적되어있을 것이다. 그러나 그처럼 오랫동안 다져온 주관기관의 노하우와 데이터가 운전면허 제도의 운용 과정에 효율적으로 활용되고 있지 못한다.

세 번째는 교통법규, 질서, 문화를 교육하는 절차가 운전면허 취득과정에 포함되어 있지 않다는 점이다. 이는 교통사고를 유발하는 또 다른 원인의 하나일 것이다. 운전면허를 취득한 사람이라면 최소한 왜 교통신호를 지켜야 하는지, 왜 정지 표지에 멈춰야 하는지, 왜 불법주차를 하지 말아야 하는지를 분명히 아는 것이 상식일텐데 지금의 운전면허 취득과정에는 그러한 교통 기본 지식과 운전자 의식에 관한 부분이 거의 전무하다. 교통법규를 지키고 질서를 유지하는 것이 자동차 운전의 의무라는 기본 의식이 중요하다. 더불어 운전자가 교통질서를 위반하면 도로에서는 어떤 피해가 발생하는지 명확하게 알도록 하는 것은 운전면허 교육의 기본 중에서도 기본이다. 그런데도 면허제도에 그러한 기초 소양 교육이 포함되어 있지 않은 것이 우리나라 교통안전의 현주소이다.

네 번째 원인으로 꼽을 수 있는 것은 갈팡질팡하는 운전면허제도이다. 운전면허제도는 외부 환경과 분위기에 의해 내용을 강화하거나 완화하는 식으로 결정될 사안이 아니다. 그런데도 우리의 제도는 면허관리기관이나 국민의 바람과는 상관없이 외부 요인에 의해 수없이 변화해왔다. 운전면허의 기본적 취지와는 반대로 흘러온 것이다. 그 많은 변화들은 도대체 우리의 안전운전에 어떤 역할을 해왔는지, 운전자의 자격 수준을 높이고 도로의 안전을 향상시키기는 했는지, 운전면허 제도의 수준은 도로의 안전은 물론 국민의 생명과 직결된다는 사실을 혹 잊고 있었던 것은 아닌지 생각해 보아야 한다. 그리고 앞으로의 운전면허제도는 제도의 기본 취지를 되살려 국민의 생명을 보호하는 차원으로 완전히 바뀌어야 할 것이다.

그런 문제점들을 근본적으로 개선하기 위해서는 먼저 운전면허 시험 내용이 운전기술과 교통안전 의식을 함양하고 법규와 관련한 제반 지식을 습득하는 방향으로 가야 한다. 그러한 목적을 제대로 이루려면 운전면허 취득 기간이 현재보다는 더 길게 연장되어야 한다. 필자는 교통전문가이지만 자동차 주행 중에는 본의 아니게 위반하는 경우가 있었다. 그럴 때마다 당시 초등학생이던 딸과 아들에게서 핀잔을 들었다. "교통 아저씨가 빨간불에 그냥 지나가면 안 되죠."아이들의 한 마디에 아차 싶은 마음이 들었다. 어린 시절, 제대로 된 교통질서와 안전교육을 받게 되면, 나중에 어른이 되었을 때 좋은 습관이 몸에 배어 자연스럽게 안전 운전을 할 가능성이 높다. 운전면허의 정상화와 안전 운전을 위해서는 학교에서 교통안전 교육이 필수적이다. 한편 면허를 딴 후 교통위반을 한 사람은 다시는 위반하지 않도록 실질적이고 효과적인 교육프로그램이 만들어져야 한다.

두 번째로 좀 더 철저한 면허 관리가 이루어져야 한다. 특히 인구의 노령화가 진행될수록 앞으로는 고령자 면허관리가 점점 중요한 사회 이슈로 떠오를 것이다. 고령자에 대한 면허연장 여부는 운전자의 물리적, 정신적, 심리적 상태에 의거하여 철저하게 관리해야 한다. 더욱이 최근 고령자에 의한 교통사고 증가 추세를 감안한다면 한층 강화된 면허제도가 시급한 상황이다. 세 번째, 민간회사를 운전면허 관리와 절차에서 배제하고, 면허관리기관의 권한을 지금보다 더 강화해야 합리적이고 효율적인 관리를 할 수 있다. 또한 그동안 교통안전 기관을 통해 양성해온 전문 인력을 적극 활용한다면 비교적 단기간에 지금보다 훨씬 합리적이고 강력한 운전면허 관리기구를 만들 수 있다. 조만간 우리나라에서도 운전면허 제도와 절차를 일관성 있고 효율적으로 운영 관리하는 강력한 독립 조직이 탄생되기를 기대해본다.

도로도 다이어트가 필요하다

'도로 다이어트'라는 말이 있다. 먼저 다이어트가 무엇인지 떠올려보자. 다이어트란 보통 살이 찌지 않게 먹는 것을 제한하는 일이다. 살이 찌면 몸 안에서 건강에 좋지 않은 여러 가지 부작용이 나타난다. 무엇보다 과해진 지방이 쌓여 몸에 영양분과 산소를 공급하는 혈관이 막힌다. 그로 인해 각종 조직과 기관의 대사 작용이 원활하게 이루어지지 않는다. 이때 체중을 늘게 하는 근본 원인인 먹는 음식을 조절하면 어떻게 될까. 혈관 안에 지방은 없어지고 영양소와 산소의 길을 되찾을 수 있다. 다이어트로 다시금 혈관 소통이 원활해지는 효과를 얻게 되는 것이다.

도로 다이어트도 그와 비슷한 개념이다. 도로의 공급을 제한함으로써 불필요한 통행을 억제하여 교통 체계를 대중교통과 보행자 중심으로 만드는 것이다. 차로를 줄여 자전거 도로나 보행로를 만드는 것이 가장 일반적인 도로 다이어트 방법이다. 서울의 청계 고가도로 철거와 청계천 복원, 시청 앞 서울광장 건설, 그리고 시내 곳곳의 고가도로 철거 등이 대표적인 도로 다이어트의 사례이다. 대부분의 다이어트 사례는 주변 도로의 교통 소통을 심각하게 악화시키지 않고 시민들에게 녹색 공간을 제공하는 성공적인 결실을 이루었다. 청계천은 시민들에게 시내가 흐르고 숲이 있는 곳에서 산책이 가능한 보행로를 추가로 제공한다는 차원에서 시행되었다. 그 결과 정책 성공과 함께 교통 소통이 원활해지는 두 마리 토끼를 잡을 수 있었다. 청계천 산책로를 걷는 수많은 시민을 보면 성공적인 도로 축소 정책이 가져온 힐링의 혜택을 실감하게 된다. 시청 앞 서울광장의 다이어트도 성공적 결과를 얻었다. 차량과 보행자가 모두 효율적인 공간 이용이 가능해졌기 때문이다. 서울역 광장 고가도로를 보행자 전용으로 변경하는 경우는 시행 전부터 우려의 목소리가 매우 높았다. 그러나 실제로는 큰 문제 없이 시민의 휴식 공간으로 자리 잡아가고 있다. 도로 다이어트의 성공 사례를 살펴보면 없어져도 특별히 불편이 없는 도로를 통해 불필요한 자동차 통행이 생각보다 많았다는 사실을 깨달을 수 있다. 또한 편안한 도심 속 자연 공간을 향한 시민들의 열망이 얼마나 컸는지도 알 수 있다.

서울과 같은 메가톤급 도시인 뉴욕 역시 약 8년 전부터 도로 다이어트를 시행하고 있다. 관광객과 보행자의 안전한 공간 확보와 사고 예방, 자전거의 사고방지가 그 목적이었다. 다이어트 방식은 차로의 일부를 보행로로 바꾸는 서울 광장의 경우와 비슷하다. 차선을 줄여 자전거 공간을 확충하기도 했다. 런던도 도로 폭 축소로 차량 과속을 방지하고 보행자 공간을 늘리는 도로 다이어트 정책을 오래전부터 시행 중이다. 도심의 차량 소음과 대기오염이 크게 줄어들고 대중교통 이용이 활성화되는 효과를 지속적으로 얻고 있다. 그 밖에 차량 통행이 비교적 적은 대도시 외곽지역이나 중소도시에서 차선을 줄여 사고가 감소하고 혼잡이 완화되는 사례도 많다. 도로 다이어트가 성공한 지역들은 한 가지 공통점이 있다. 모두가 적절한 대상 도로 선정과 명확한 정책 목표가 있었기 때문에 좋은 결과를 얻은 것이다.

앞서 언급한 청계천과 시청 앞 광장 등의 사례 외에도 서울에서는 그동안 도로 다이어트 정책이 활발하게 추진되어 왔다. 도심인 광화문 도로와 영등포, 청량리 등 시내 주요 부도심에서 차선을 축소했다. 최근에는 또다시 광화문의 차선 줄이기 정책을 준비 중이라고 한다. 정부에서 추진 중인 광화문 광장의 추가 도로 다이어트는 전체 차선을 10차선에서 6차선으로 줄이는 것이 목표이다. 광화문은 보행자와 차들로 항상 붐비는 곳이기 때문에 시민들에게 쾌적한 공간을 제공하고 대중교통수단 이용을 유도한다는 차원에서 바람직한 정책이다. 게다가 이 지역은 우회도로 사정이 좋은 편이어서 도로 다이어트 추진 여건도 좋은 편이다. 그러나 영등포, 청량리, 서대문 등의 경우는 더욱 신중하게 도로 다이어트를 추진해야 한다. 해당 도로를 축소하여 얻는 이점이 별로 많지 않기 때문이다. 광화문과 달리 주변 우회도로가 부족하여 도로정체를 가중시킬 우려가 있다.

도로 다이어트 방식은 차선을 없애거나 줄이는 방법만 있는 것은 아니다. 회전교차로를 설치하는 방법도 있다. 회전교차로는 차량이 모두 한쪽 방향으로만 돌면서 각자가 원하는 방향으로 빠져나갈 수 있는 원형 교차로이다. 신호등이 없으며 교차로 내부에서는 먼저 진입한 차량 순으로 운행이 진행된다. 예전에는 로터리라는 이름으로 불렸으나 요즘은 회전교차로라는 말로 바꿔 쓰고 있다. 최근 우리나라에서도 적정한 교차로에 회전교차로를 설치하여 도로의 원활한 운영에 도움을 주고 있다. 회전교차로는 교차로에서 차량통행량과 보행량, 그리고 교차로의 공간구조와 규모 등을 감안하여 설치된다. 교통 신호등 대신 회전교차로를 설치하는 이유는 교차로 공간을 차량보다 사람에게 더 많이 주자는 취지이다. 회전교차로는 정지 없이 진행하며 양보 표시와 우선 통행방식으로만 운영되기 때문에 통행 시간이 절약되고 도로 용량이 늘어나는 효과가 있다. 앞으로도 시내 곳곳에서 지속적으로 회전교차로가 운영된다면 전체적인 교통 흐름을 원활하게 하고 상대적으로 녹색 공간은 더욱 늘어나게 된다.

도로 다이어트는 발상의 전환이다. 통상 도시인구가 늘고 소득증대로 차량이 증가하면 도로를 증설하거나 넓혀야 한다고 생각한다. 반대로 도로 다이어트는 차로를 줄이거나 도로 공간을 없앤다. 그러나 도로 다이어트 정책을 아무 곳에나 적용한다면 원하는 효과를 얻을 수 없다. 도로 다이어트가 성공적으로 이루어지기 위해서는 다음과 같은 몇 가지 전제조건이 반드시 충족되어야 한다. 첫째, 정책 목표가 명확해야 한다. 보행 공간 확보인지, 대중교통의 원활한 통행인지, 아니면 승용차 교통량을 줄이기 위한 것인지 정책 방향을 제대로 잡고 시행해야만 한다. 그러기 위해서는 사전에 교통전문가의 조언과 의견을 바탕으로 경찰과 지자체, 중앙정부 간에 긴밀한 협의를 통해 치밀한 집행 계획을 마련해야 한다. 둘째, 도로의 운영 현황을 정확히 파악하여 사전 대비를 철저히 해야 한다. 도로와 주변 시설물 운영의 문제점 점검은 물론 우회도로의 활용도를 높이는 방안까지 수립해 놓아야 한다. 특히 불법 주정차 문제가 해결되지 않고서는 도로 다이어트가 결코 성공할 수 없다. 셋째, 자동차의 증가 추이를 잘 살펴봐야 한다. 우리나라는 아직 자동차가 늘어날 여지가 많다. 자동차가 증가하면 도로도 확대될 필요가 있다. 그러나 도로 다이어트는 반대 방향의 정책임을 명심해야 한다. 승용차 통행의 증감 추세를 도로별로 명확하게 검토하여 병목현상을 초래하는 일이 없도록 해야 한다. 도로 다이어트를 성공시키기 위해서는 지역별, 시간별, 수단별 통행 특성을 정확히 파악하여 정책에 반영해야 한다. 넷째, 도로의 지속적이고 성공적인 운영을 위해서는 다이어트 시행에 대한 분석과 평가 작업을 빠뜨리지 말아야 한다. 모든 정책은 사업 전후의 평가가 반드시 필요한 법이다. 다이어트 정책 시행의 장단점을 사전과 사후에 철저히 예측하고 부작용을 최소화하는 방안도 함께 마련하여 시행해야 한다. 그런 과정을 거쳐야 차후 추가로 다이어트 사업을 시행할 때 기존 사업 자료를 참고할 수 있게 된다. 한편 도로 다이어트는 명확한 정책 목표와 해당 도로 및 주변 도로에 대한 정확한 통행 현황 분석 외에, 시민들의 교통법규 준수와 철저한 단속이 조화를 이룰 때 제대로 된 성공을 이룰 수 있다.

자전거 활성화의 조건

산책로를 따라 걸으면 주변 풍경을 천천히 감상할 수 있어 좋지만 길이 짧아 아쉽고, 차를 타고 가면 풍경이 너무 빨리 스쳐 지나가는 게 아쉽다. 하지만 자전거를 타면 멋진 풍경을 원 없이 보고 느낄 수 있어 좋다. 자전거의 주행 속도는 인간이 사물을 인식할 때 보다 적절하고 편안한 여건을 만들어 주기 때문이다. 주행 도중 좀 더 오랫동안 바라보고 싶은 경치가 있거나 조용히 생각할 것이 있을 때는 언제 어디서든 자전거를 잠시 멈추어 서면 된다. 자전거의 매력은 그처럼 부담 없는 속도가 주는 행복감에 있다. 적절한 신체 운동 효과와 함께 출발지와 목적지를 직접 연결하는 통행의 편의성도 빼놓을 수 없고, 경제적 측면에서도 자전거는 다른 교통수단보다 비용이 적게 든다.

도시에서 자전거를 타는 것은 그와 같이 단순히 교통수단으로서의 역할을 넘어 여러 가지 장점이 있다. 그러나 많은 사람들이 자전거를 주행할 경우에는 적절한 규제가 필요하다. 동남아나 중국에서는 엄청나게 많은 자전거가 도로를 주행하고 있고, 도로를 빼곡하게 메운 자전거의 행렬은 볼 때마다 위태로운 느낌이 든다. 최근 우리나라도 레저 목적의 자전거 통행이 많이 늘었고, 그만큼 충돌 사고도 빈번해졌으며 심지어 음주 주행도 느는 실정이다. 자전거의 안전 통행을 위해서는 자동차와 같이 명확한 주행 원칙과 세부 법규가 만들어져야 한다. 그리고 그에 근거한 단속과 관리가 철저히 이루어져야 할 것이다. 일본 대부분의 도시에서는 철도역과 집 사이를 통행하는 목적으로 자전거가 운행된다. 철도 역사 앞에 주차되어 있는 수많은 자전거의 모습은 생경하면서도 신기했다. 집과 철도 역 사이라는 한정된 구역에서 자전거가 환승 연계 목적의 유용한 교통수단으로 사용되고 있는 것이다. 우리도 출퇴근 시간대에 집과 전철역을 잇는 효과적인 연계수단으로 자전거를 활용하는 방안을 고려해 볼 수 있을 것이다.

그러나 보다 광범위한 자전거 활용은 사전에 그 타당성 여부가 면밀하게 검토되는 게 중요하다. 자전거가 대중적인 교통수단으로 널리 통행되기 위해서는 다음과 같은 몇 가지 조건에 부합해야 한다. 첫 번째로 자전거 통행은 날씨와 밀접한 관련이 있다. 겨울이 길고 악천후에 시달리는 도시에서는 자전거 운행이 어렵다. 중국 남부 지방과 동남아에서 자전거 통행이 활발한 이유는 따뜻한 날씨 덕분이기도 하다. 우리나라에서는 강릉과 창원이 자전거 도시로 오랫동안 유명했다. 두 도시 모두 일 년 내내 온화한 날씨이다. 서양의 도시들에서도 주로 날씨가 좋은 지역을 중심으로 자전거 통행이 활발한 편이다.

두 번째로 도시의 지형적인 요소가 검토되어야 한다. 경사가 심하고 굴곡이 많은 지형의 도시는 자전거 통행에 어려움이 있다. 지형이 울퉁불퉁하거나 오르막과 내리막 구간이 있으면 정상적인 자전거 통행 속도를 준수하기 힘들다. 자전거를 타는 사람의 운행 능력에 따라 자전거들 사이에도 속도 차이가 많이 날 수 있다. 자전거 속도 차이는 충돌 사고를 유발할 가능성이 많다. 그러므로 경사 구간이 많은 열악한 지형에서는 자전거 통행이 적절하지 않다.

세 번째, 안전한 자전거 통행을 위해서는 차량 교통량과 보행량을 신중하게 감안해야 한다. 차량 통행과 보행 통행이 잦을 경우, 자전거와 상충하는 경우가 많다. 자전거 통행량 규모와의 연관성이 면밀하게 분석되어야 하는 이유이다. 또한 교통량이 많으면 자전거 차선이나 전용로를 만들기 어렵다. 연속적이고 안전하게 자전거 시설물을 건설하는 것도 불가능하다. 도로에서 차선을 만들거나 시설물을 설계하고 건설하는 것은 기본적으로 통행량의 규모와 특성에 의존한다. 다양한 종류의 교통수단이 같은 도로에서 통행할 때, 수단별 통행량은 반드시 교통공학 측면에서 세밀하게 검토되어야 한다. 상대적으로 교통량이 적은 중소도시에서는 자전거 통행이 활성화되는 경우가 많다. 예를 들어 국내의 상주, 수원, 군산, 순천 등 중소 도시에서는 차량 교통량에 대한 충분한 검토후자전거 시설이 설치되어 자전거 통행이 크게 늘고 있다.

네 번째는 도로의 여건이다. 도로의 차선수가 적고 도로 폭이 협소하면 자전거 통행을 자제하는 게 좋다. 도로 여건이 열악한 도시의 구도심에 자전거 통행을 허용하면 교통 혼잡과 사고 가능성이 매우 높아질 것이다. 보행로의 폭과 포장 상태도 자전거 통행에 중요한 요인이다. 대부분의 자전거 도시에서 자전거 통행이 허용되는 경우는 도로의 차선 여건이 양호하다는 것을 가정한 것이다. 도로에서 자동차와 상충하지 않도록 안전하게 관리하는 자전거 신호등의 설치도 도로의 차선이 충분하고 구조가 양호한 상태여야 한다. 도시 인구의 약 50%가 자전거를 타는 유럽의 암스테르담에서는 자전거 신호가 철저히 운영되고 있다. 그로 인해 자전거의 안전한 통행이 보장된다. 독일, 영국, 프랑스의 중소도시들 역시 차선, 신호등, 표지판 등 도로 여건을 사전에 철저히 점검하고 자전거 통행에 맞도록 설계하여 성공적인 자전거 도시로 자리 잡고 있다.

마지막으로 자전거를 선호하는 시민들의 취향도 자전거 정책의 중요한 고려 사항이다. 아무리 자전거 통행 조건이 충족된다 해도 자전거보다 다른 교통수단을 압도적으로 선호한다면 자전거가 교통수단으로서의 역할을 제대로 해내기 어렵다. 시민들이 자전거 타기를 좋아한다면 자전거 도로와 시설물도 특별한 무리 없이 설치되어 운영될 것이다. 그동안 우리나라의 자전거 정책은 그러한 여러 가지 사전 검토 요인들을 간과한 채, 오로지 자전거 도로와 관련 시설물 개발에만 총력을 기울여 왔다. 서울시의 경우, 도심에 자전거 차선과 도로가 설치되어 있다. 그러나 그 길로 자전거가 통행하는 게 아니라 자동차의 주정차 용도로 일부 사용되거나 버스가 통과하고 있다. 자전거 정책에 문제가 컸다는 사실을 방증하는 것이다. 관공서에서 자전거를 일괄적으로 구입하여 시민들에게 이용하게 하는 공공 자전거 정책도 시행되었다. 이 정책 역시 시간이 지나면서 자전거 관리와 운영에 문제가 드러나 시민들에게 외면 받고 있다. 공공자전거보다 본인의 자전거를 선호하는 시민들의 성향을 무시했고 자전거 유지 관리를 소홀히 했기 때문이다. 공공 자전거의 확장과 전시행정에만 치중한 결과라고도 볼 수 있다.

정책 담당자들에게 묻고 싶다. 위에 언급한 자전거 운행의 전제조건을 사전에 제대로 검토했는지, 자전거 수요가 언제 어디서 어떻게 발생하는지에 대해 한 번만이라도 깊이 생각해보고 정책을 시행했는지 말이다. 현재 서울에는 한강이나 지류를 따라 자전거 도로가 매우 활발하게 운영되고 있다. 새로운 자전거 도로를 만들기보다 기존 자전거 도로와 시설물의 안전한 운영에 집중한 정책을 시행하는 게 바람직할 것이다. 기존의 성공적 운영 사례를 바탕으로 좀 더 신중하게 새 자전거 시설물을 확장하는 편이 좋다. 확장의 경우도 도심보다는 거주지 중심으로 이루어지는 게 효율적이다. 또한 자전거 통행 목적에 따라 자전거 차선과 자전거 도로, 차량과 자전거의 혼용도로 중 어떤 것을 선택할지 결정해야 한다. 교통수단 분담률, 통행량, 향후 도로와 대중 교통시설물 건설 계획 등 기존 교통수단 운영 실태도 함께 검토되어야 한다. 그래야 자전거 정책이 어떤 방향으로 나아가야 할지를 현명하게 판단할 수 있다.

교통학과를 가면 폐가 나빠진다?

교통을 전공하면 다른 분야에 비해 취업문이 넓다. 대학 전공과 취업이 직결되는 우리 현실에서는 꿈의 전공이라고 볼 수 있다. 취업준비생들이 열망하는 이른바 '신의 직장'에 들어갈 가능성도 높아진다. 그런데 보통사람들은 이런 사실을 잘 모른다. 교통 전공에 대해 황당한 선입견을 가지고 있는 사람도 있다. 교통학과를 가면 폐가 나빠진다는 것이다. 교통을 전공하면 정말로 폐에 안 좋을까. 그런 생각은 교통 전공에 대한 무지가 부른 오해이다. 청년 실업 문제가 줄곧 사회 문제가 되고 있다. 그럼에도 딱히 시원한 해결책이 보이지 않는 것은 더 큰 문제이다. 하지만 길이 영 없는 것은 아니다. 지금부터 시작하는 필자의 교통 전공 이야기에 귀 기울여 본다면 일말의 탈출구를 엿볼 수 있다.

우선 우리나라 대학의 교통관련학과 연혁부터 살펴보자. 국내 몇몇 대학에서 교통공학과, 도시공학과 등 교통관련학과를 신설하여 운영하기 시작한 것은 1980년대 후반부터이다. 대학의 적극적 지원과 향후 취업 진로의 유망성을 인정받아 초반에는 우수한 학생들이 교통 관련 학과로 몰려들었다. 그러나 1990년대 후반 우리나라 대학 전반의 학생 수급 문제로 인해 학과제가 폐지되면서 새로운 변화를 겪게 된다. 정부의 방침에 따라 대부분의 학교에서는 교통공학 전공을 건축공학, 토목공학, 환경공학, 조경

학과 등과 통합하여 학부제로 운영하기 시작했다. 1학년엔 학부로 입학하고 2학년 올라갈 때 세부 전공을 선택하는 시스템이다. 그 결과 학생들 입장에서는 당연히 졸업 후 취업이 잘 되거나 취업한 선배가 많은 전공을 선택했다. 그런 방식 속에는 그간 잘 운영되던 교통공학이 침체되는 단초가 숨어있었다. 그때까지도 아는 사람만 가치를 알 뿐 교통공학에 대한 일반적 인지도는 아직 낮은 편이었다. 당시는 유명 TV 드라마의 영향으로 건축공학이 상대적인 인기를 끌었다. 드라마 속 남자주인공이 예술인과 공학도의 경계에 서서 고소득으로 인생을 멋지게 즐기며 사는 건축가로 묘사되면서 건축학과에 대한 인기는 상종가를 치고 있었다. 그에 비해 교통공학은 가장 인기가 없는 전공으로 위상이 떨어졌다. 실제로는 교통공학 전공이 졸업 후 취업 면에서 나쁘지 않은 상황임에도 불구하고 시간이 지날수록 이 전공을 선택하는 학생의 수가 줄어들었다.

원인을 파악해보기 위해 학생들을 대상으로 교통 전공을 선택하지 않은 이유를 조사해 보았다. 그 결과 놀라운 답변이 있었다. 그중에서 가장 기억에 남는 것은 “교통을 전공하면 폐가 나빠진다”는 부모님의 걱정 때문이라는 것이다. 그 이유는 교통전공과 교통경찰을 동일시했기 때문이다. 일부 경찰관들이 도로의 매연 속에서 차량을 통제하는 모습을 보며 그것이 교통 전공의 미래라고 단정해버린 것이다. 그냥 지나치기에는 매우 씁쓸한 현실이었다. 물론 당시에는 교통공학이 아직 신생 전공에 속해서 취업 가능성이 불투명했었다. 졸업한 선배들의 층이 타 전공에 비해 상대적으로 얕아서 그들의 권유와 추천이 부족한 것은 어쩔 수 없는 일이었다. 그러나 교통에 대한 통념이 너무 비현실적이었기 때문에 참담한 심경마저 들었다. 그런 분위기 속에서 몇 년이 더 지난 후에는 지방 대부분의 교통학과가 다른 학과와 통합되거나 폐지되는 불운을 겪어야 했다. 이후 우리 사회에서 교통을 전공하는 대졸자의 숫자도 크게 줄었다. 점차 심각해져 가는 교통 문제를 해결할 수 있는 기초적인 원동력마저 잃어버린 셈이다. 교통 전공 졸업 후 취업 진로가 다양한 현실을 감안해 보면 더욱 안타까운 일이다.

교통관련 전공자의 진로는 관공서, 공기업, 민간회사, 정부출연기관 등 비교적 문호가 넓은 편이다. 대상 관공서로는 중앙정부와 지방자치단체, 경찰서 등을 들 수 있다. 일반 공무원 시험을 봐서 취업하는 경우도 있고, 교통전문직이라는 특별 채용 방식을 통해 공무원이 되기도 한다. 서울시를 비롯한 대도시는 교통 문제가 심각하기 때문에 상당히 많은 수의 교통전문직을 채용하여 운용하고 있다. 또한 그렇게 채용된 인원들은 실질적으로 교통 정책의 전 과정에 걸쳐 막중한 역할을 수행하고 있는 중이다.

최근에는 경찰 채용에서도 교통 부문을 새로 만들어 관련 전공 졸업자들을 우선적으로 채용하고 있다. 본인의 전공을 공공기관에서 활용한다는 것은 보람 있고 의미 있는 일이다. 교통의 본질인 공공성과 일치하기도 한다. 도로공사, 철도공사, 공항공사, 교통연구원, 철도연구원, 국토연구원 등 정부 출연기관과 공기업도 국가의 교통 정책 수립에 관여한다는 차원에서 자부심을 가질 만한 진로일 것이다. 각 광역 지자체 단위의 지방연구원에서도 교통 전공자는 중요한 역할을 하고 있다. 정부의 교통 업무가 활발해지면 그에 상응하여 민간기업도 교통전공자를 필요로 하게 된다. 국내 여러 대기업에서 교통전공자의 자리를 마련하고 있으며, 세부 분야도 전자, 자동차, 건설, 엔지니어링, 물류, 컨설팅 등 선택의 여지가 많다.

외국의 경우에도 교통 관련학과를 졸업한 후 진로는 다른 전공에 비해 좋은 편이다. 그들은 주로 민간 회사나 관공서에서 일하게 된다. 그밖에도 교통 관련 업무는 어느 관공서든 반드시 필요한 직종이어서 지속적인 고용 창출이 가능하다. 교통 분야는 워낙 현장 중심의 학문이고 다른 학문 분야와도 연관성이 크다. 그런 특성을 고려하면 교통학은 학부 전공이 반드시 필요한 학문은 아닐 수도 있다. 오히려 대학원에서 중점적으로 공부하는 것이 보다 적합할지도 모른다. 그러나 현재 우리나라는 교통문제가 유난히 심각한 만큼, 절박한 필요에 의해 학부 전공을 두게 된 측면이 있다.

교통공학을 전공하게 되면 매우 다양한 과목을 공부하게 된다. 교통공학, 교통수요예측, 교통운영관리, 대중교통, 교통체계관리, 교통정책, 교통안전, 교통경제, 첨단교통, 도로공학, 철도교통, 도시계획 등을 주요 과목으로 꼽을 수 있다. 그 외에 통계학, 경제학, 행정학, 경영학, 산업공학, 전자공학, 컴퓨터공학, 물리학, 수학 등을 공부해두면 취업 후 실무에 도움이 된다. 우리나라 대학에서 처음 교통 관련 전공이 개설되었을 때는 주로 토목공학과나 건축공학과 졸업자가 외국에서 교통을 전공한 후 한국에 돌아와 교통 관련 학과를 개설했다. 요즘에는 그 외에도 법학, 지리학, 경영학, 산업공학, 전자공학 전공자들도 교통학 대학원 과정을 이수하고 있다. 미국의 경우는 주로 토목공학과(Civil Engineering) 대학원 과정에서 교통학을 주로 가르친다. 학부에서는 약 3~4 과목 정도의 교통 전공과목이 개설되어 있다. 토목 전공에서 사회기반 시설물의 건설과 유지관리를 공부하기 때문에 시설물 계획과 운영기술을 교통전공에서 가르치면 조화로운 운영이 가능하다는 생각에 근거한 것이다.

영국과 프랑스의 경우는 경제와 도시계획 분야에서 각각 교통학을 다룬다. 교통의 세부 내용을 경제 부분과 도시계획 분야로 분류하여 가르치는 것이다. 막대한 비용이 드는 교통시설물의 예산과 관련해서는 경제적인 분야에서 다루고, 도시계획과 연관성이 깊은 교통시설물 부분은 도시계획 분야에서 다루고 있다. 일본에서는 교통공학을 토목 분야, 도시공학, 행정 분야에서 접근한다. 교통은 국민 실생활과 관련이 있으므로 행정 공학적 입장에서 다루는 것도 일견 의미가 있을 것이다.

교통학은 현실과 떼어놓을 수 없는 학문이다. 여러 나라들의 경우에서 볼 수 있는 것처럼 대학에서 전공으로 배우는 교통은 각 사회의 현실적 특성에 맞춰 그 기능과 역할이 규정되는 게 마땅하다. 그리고 그렇게 공부한 내용을 각 사회 현실에 발전적으로 적용하는 것이 바람직하다.

대부분의 교통선진국에서는 교통을 첨단 분야로 여긴다. 졸업 후 취업을 하게 되면 연봉 수준도 매우 높은 편이나 우리나라에서는 교통에 대한 인식이 아직은 낮은편이다. 하지만 앞으로 교통공학을 전공하려는 청년이 있다면, 선배로서 이 일에 대한 허심탄회한 소회를 들려주고 싶다. 필자는 교통 관련 업무를 수행하는 동안 남다른 만족감을 느낄 수 있었다. 평소 교통수단과 시설물들을 직접 타보기만 해도 연구와 업무에 큰 도움이 되었기 때문이다. 또한 새로운 고속도로나 철도, 공항이 완공되고 나면 언론 관계자들과 함께 제일 먼저 시설물을 견학하고 문제점과 개선점을 사전 점검에 참여하곤 했다. 심지어 출퇴근을 위한 일상의 이동행위조차도 교통을 이해하고 공부하는 한 과정이며 연구를 위한 현장 체험이 되었다. 필자와 다른 전공 출신인 지인들은 그처럼 놀면서(?) 공부도 하고 돈도 버는 교통공학의 특성을 늘 부러워했었다. 누구든 그렇게 실제 생활 현장에서 여러 가지 교통을 경험하다 보면 저절로 깨닫게 된다. 교통 분야를 전공하면 폐가 나빠지지 않는다. 오히려 세상을 보는 안목과 지혜가 더욱 깊고 넓어진다.

길이 막히면 교통전문가가 필요하다

아침에 출근준비를 마치고 주차장으로 내려간다. 근데 내 차 앞을 떡하니 가로막은 이중 삼중으로 주차된 차들이 보인다. 때마침 도로는 간밤에 내린 눈으로 빙판이 되어 있다. 이러다 지각할 것 같은 불길한 예감이 뇌리를 스친다. 서둘러 차량 앞으로 다가가 있는 힘껏 밀어보지만 꼼짝도 하지 않는다. 주인이 사이드브레이크를 채운게 틀림없다. 한층 불안해진 마음으로 전면 유리창을 들여다봤지만 마땅히 있어야 할 연락처가 없다. 경비 아저씨를 불러야 하나. 머리가 지끈거리고 가슴이 답답해지는 상황이다. 우리 일상에서는 이처럼 수시로 교통 문제가 발생한다. 그런데 현실의 상황은 그게 끝이 아니다. 주차장에서 차를 빼는 것은 이제 운전의 시작에 불과하다. 도로 위에는 또 다른 변수들이 기다리고 있을지 모른다. 운전 중 예기치 않은 교통사고나 교통 혼잡이 발생하면 우리 일상생활은 엉망이 된다.

주차 문제만 해도 그렇다. 집 주차장은 주변 교통량과 운행 패턴, 그리고 장래 주변의 차량 증가 추이를 예상하여 신중하게 설계되고 건설되어야 한다. 새로운 건물을 지으려 할 때는 그 건물에서 유발되는 교통량이 주변 교통 상황에 미치는 영향을 분석하여 계획하는 것이 기본 원칙이다. 특히 건물 주변에서 추가로 발생되는 교통량은 주차장 용량 결정의 가장 중요한 요인이다.

건물 주차장 용량이 부족하면 다시 주변 교통 혼잡을 발생시키는 주요 원인이 되기 때문이다.

그와 같은 교통 요인 상호 간의 연관성은 교통전문가의 연구와 분석에 반드시 포함되어야 한다. 교통사고 발생 시 처리 과정에서 교통전문가가 사고를 명확히 분석하고 사례를 정리하면 추후 사고를 예방하는 귀중한 자료로 활용된다. 최근에는 교통공학을 전공한 졸업생이 매년 경찰에 임용되는 추세이다. 이들은 교통사고 처리를 포함하여 교통정책 집행에도 큰 역할을 하고 있다. 교통 관련 행정부서의 정책 추진 과정과 결정도 일반적인 행정이 아닌 전문성이 반드시 필요하다. 도로와 철도, 주차장 등 새로운 시설의 건설뿐 아니라 기존 교통시설물의 운영 유지 행정에도 교통전문가의 참여는 의무적이다. 다양한 의견 수렴 과정으로 인해 정책 추진 과정에 시간이 걸리더라도 전문적인 사전 검토 과정이 없다면 정책 시행 후 더 큰 문제점이 발생하게 된다.

필자는 정부 위원회 수가 불필요하게 많아 쓸데없이 국민 세금만 낭비되는 사례를 많이 보아왔다. 지금처럼 행정부서 별로 위원회를 만드는 것은 매우 비합리적이다. 그보다 사안 별로 위원회를 구성하여 다양한 분야의 전문가와 관련 부서 담당자 모두가 참여할 수 있도록 추진해야 한다. 행정 편의주의적인 관점에서 회의 참석자를 선별하는 것은 상당히 위험한 발상이다. 더불어 회의 결과는 반드시 현실에 반영되도록 하는 제도적 장치도 꼭 필요하다.

홍수, 지진, 폭설, 폭우, 폭풍 등 큰 자연재해나 원자력 발전소 사고 같은 대형 재난이 발생했을 때 가장 중요한 것은 예보와 대피 전략이다. 기상 상태와 주변 상황을 면밀히 조사하여 재난에 대한 예보를 하는 것이 우선이다. 사고가 발생했을 때는 사고 현장에서 긴급 대피하는 것이 가장 중요하다. 교통의 기본 개념은 빠른 길 찾기이다. 재난 시 도로와 교통 네트워크는 상시 교통 정체와는 비교할 수 없을 정도로 복잡한 상태이다. 점진적으로 혼잡을 줄이면서 사람들을 대피시킬 수 있도록 사전 교통 시뮬레이션을 통한 대피 전략을 만들어 피해를 최소화해야 한다.

필자는 대학원 시절 미국 핵발전소의 긴급 대피 프로그램 제작에 참여한 적이 있다. 나의 임무는 시뮬레이션 작업을 통해 핵발전소 주변에 살고 있는 주민들을 최대한 빨리 핵 영향권 밖으로 내보내기 위한 교통 루트를 만드는 것이었다. 그런데 함께 참여한 모든 공무원이 어찌나 적극적이고 열정적이던지 놀라움을 감출 수 없었다. 핵발전소 직원들도 필자의 발표와 설명에 집중하며 진지한 자세로 경청했다. 그들에게서는 재난에 대해 막연한 두려움만 갖기보다 현실적으로 대응하는 방법을 미리 준비하겠다는 강한 의지가 엿보였다. 그리고 그 핵심적인 도구가 바로 교통임을 잘 알고 있는 듯했다. 필자 역시 재난과 교통이 얼마나 직접적으로 연관되어있는지 몸으로 체득할 수 있었던 좋은 기회였다.

이처럼 재난 시 교통전문가의 역할은 필수적이다. 우

리나라도 국민안전처를 만들어 재난으로부터 국민을 보호하려는 노력을 하고 있지만, 미국의 백악관 산하 교통안전위원회(NTSB)와 비교하면 아직 갈 길이 멀다. 우리나라 교통과 재난 관련 위원회의 권한이 미약하며, 사고를 예방하고 처리하는 데 다양한 전문가의 참여와 의견 개진 기회가 지극히 제한적이기 때문이다. 그에 비해 미국은 대통령 직속 위원회에서 국가 재난 사태를 대비하고 처리하는 과정이 일사천리로 추진되는 것을 수차례 목격했다.

한 예로 매년 막대한 피해를 발생시키는 허리케인에 대한 대비책을 들 수 있다. 허리케인이 도착하기 전, 피해가 예상되는 지역 주민들이 거주 지역을 떠나기 위해 도시 주변 도로로 순식간에 몰려드는 모습을 TV에서 종종 볼 수 있다. 이는 정부 재난위원회의 결정에 따른 것이다. 재난위원회에 참여한 교통전문가의 분석에 근거하여 가장 피해를 최소화하고 혼잡을 줄일 수 있는 경로를 찾아낸 후 탈출을 지시한다. 위원회의 기능과 역할이 적절한 시간에 작동하여 국민의 생명과 재산을 보호하는 것이다. 다양한 분야의 전문가로 구성된 위원회는 평소 정기적인 미팅을 갖고 예방에 노력하고 있다. 그것이 재난과 교통사고를 대하는 국가의 바람직한 모습인 것이다. 위원회 활동에 교통전문가의 의견은 물론 그간의 재난 방지 경험이 최대한 반영되어 소기의 목적을 거두는 시스템이라고 할 수 있다.

반면 우리나라에서 그동안 교통 업무를 관장해온 행정 부처의 연혁을 살펴보면 실망을 금할 수 없다. 지난 20년 동안 교통의 주무 부처는 행정자치부, 건설부, 교통부, 건설교통부, 해양수산부, 국토해양부, 국토교통부 등으로 명칭과 조직이 바뀌었다. 왜 이렇게 명칭과 조직을 자주 바꾸는지 모르겠다. 실제로 교통 관련 업무나 사람은 그대로인데 말이다. 그것은 행정 부서가 정치적인 입김에 의해 이루어지고 있다는 것을 짐작할 수 있는 대목이다. 이렇게 명칭과 조직이 계속 바뀌면 업무 추진에 적지 않은 영향을 줄 수밖에 없다. 교통선진국의 교통 관련 부서가 세월이 흘러도 그대로인 것과 비교되는 참으로 어처구니없는 일이다.

또한 외부에 생색을 낼만한 교통 관련 업무는 교통부뿐 아니라 재정기획부, 환경부, 산업통상부, 과학기술부, 외교부 등으로 방만하게 분산되어있다. 이렇게 무계획적이고 일관성 없는 행정 조직을 개선하기 위해서는 대통령 직속으로 교통이나 재난 업무를 통합하는 종합 컨트롤 타워를 만들어야만 한다. 하지만 현재로서는 요원한 일이다. 지방자치단체에서도 교통 문제는 사회 현안 중 가장 긴급한 일일 것이다. 그럼에도 불구하고 교통 관련 부서를 서로 기피하며 거기서 일하는 것을 마땅치 않게 여긴다. 교통 관련 업무가 국민에게 미치는 지대한 영향을 감안하면 정부 조직 중 교통 관련 부서의 위상과 중요도가 너무 낮지 않나 싶다. 미국과 같이 재난과 교통 관련 중요 회의, 혹은 위원회에 다양한 교통전문가가 참여하기는 그리 쉽지 않으며, 참여한다 해도 적절한 역할을 해낼 수 없는 분위기라고 보면 된다.

한편 전문가의 가장 큰 덕목은 책임과 경험이라고 할

수 있다. 교통 정책을 비판하거나 비난하는 일반인들이 많다. 그러나 그 내용을 잘 들어보면 본인의 생각이라기보다 항간에 떠도는 사안을 자기 생각으로 포장하는 경우가 대부분이다. 전문가란 그와 달리 하나의 사안에 대해 반드시 책임 있는 대안을 제시할 수 있어야 한다. 그러기 위해서는 우선 정책 담당자들에게 필요한 일과 불필요한 일을 구분하여 운영하도록 조언해야 한다. 또한 미래 예측을 근거로 적절한 정책 대안을 만들어야 한다. 특히 교통 전문가의 경우는 우리 실생활에 미치는 영향력이 크고 보다 공공성이 강하기 때문에 의견 개진에 있어 신중해야 한다. 객관성 있는 해결 대책을 제시하는 것도 중요하다.

교통은 현장 학문이고 실용 분야이다. 해당 전문가를 양성하여 실제 현장에 투입하는 것은 우리의 일상을 안전하고 편리하게 만드는 데 매우 필수적인 일이다. 필자는 이른 아침에 언론사 기자, 공무원들과 함께 인근 고속도로 IC에 나가 자주 교통 상황을 점검했다. 교통전문가는 교통공학적인 지식 외에 도시계획, 도시개발, 경제학, 행정학에 대한 식견을 지녀야 한다. 또한 전자공학, 산업공학, 기계공학, 토목공학 등 관련 전공은 물론, 심리학, 관광학, 경영학, 법학, 의학 등을 함께 공부하고 연구해야 한다. 교통과 관련된 다양한 분야를 섭렵하는 이유는 교통 본연의 특성을 잘 이해하여 합리적이고 현실성 있는 정책을 만들기 위한 것이다.

우리 사회는 아직도 교통 문제를 단순한 운수행위로

취급하고 있다. 이는 교통 문제를 적극적으로 해결하고자 하는 의지가 없음을 방증한다. 향후 제대로 양성한 교통전문가는 교통사고와 교통 혼잡이 없는 안전한 사회를 만드는 데 큰 역할을 할 것이다. 그런 인재를 만들기 위해서는 학교와 산업체, 관공서와 연구원, 시민단체 등이 상호 협력해야 한다. 교통 관련 기관 간 많은 인적, 지식적인 교류와 새로운 교육 프로그램의 개발 운영이 지속적으로 이루어져야 한다. 동시에 기존 교통전문가들은 개인적인 성향이나 선호도를 떠나, 그동안 배우고 경험한 모든 전문 지식을 총동원하여 현실 문제를 해결하기 위한 객관적인 정책 방향과 구체적인 실행 방안을 제시하도록 노력해야만 할 것이다.

교통 운용에 꼭 필요한 산학관연 협력

교통을 운용할 때는 연관성 있고 유사한 다른 분야의 협력과 협조가 요구된다. 특히 보다 효율적인 운영과 관리를 위해서는 교통 분야와 관련된 산학관연과 시민단체들의 유기적인 연계와 협조가 절대적으로 필요하다. 교통 부문에서 자동차, 기차, 비행기, 선박은 가장 기본적인 산업기반이다. 또한 교통수단들이 출발지와 목적지 사이를 이동하기 위해서는 도로, 철로, 항로 등 국가 기간 시설물이 먼저 갖춰져야 한다. 눈에 보이는 시설물뿐만 아니라 통신 시설을 통한 가상 루트도 원활하고 안전한 통행을 위해 중요한 요소이다. 자동차 회사는 차를 만드는 역할을 하지만, 그 차는 도로에서 운행된다. 그러니 자동차의 운영과 관리에 대한 책임과 의무가 있어야 한다. 자동차가 도로에서 보다 안정적으로 작동하려면 도로 운영자의 의견이 자동차 제작에 반영되어야 한다. 교통이 원활하려면 자동차 회사와 도로, 철도 및 교통 시설물 운영을 관리하는 관공서, 교통을 연구하는 연구원과 대학, 그리고 시민단체가 상호간 상시 의견을 교환하며 운영과 유지 관련 개선책을 만드는 게 필수적이다.

최근에는 기존 자동차 회사 외에도 IT 회사들이 자동차 제작에 깊이 관여하고 있다. 신기술을 활용하여 자동차 운행 경로와 전자지도를 만들어 내기 위해서는 두 업체 간의 협력이 필요하다. 무인 자율주행 자동차는 기존 자동차 회사보다 통신 정보 회사에서 주도적으로 추진하고 있는게 현실이다. 또한 지방자치 단체는 도로를 안전하게 관리할 책임이 있기 때문에 무인 자율주행 자동차의 안전한 운행을 위한 연구와 정책을 수행하고 있다. 보다 성공적인 운행을 위해서는 교통전문가들과 차량 제작 전문가들의 공동 협조 체제도 반드시 필요하다. 미국에서는 비행기 사고가 발생하면 백악관 직속 교통안전 관리위원회(NTSB)가 즉각적으로 활동을 개시한다. NTSB에는 다양한 분야의 전문가들이 모여 효과적인 사고 처리와 함께 후속 사고를 미연에 방지하는 대책을 수립하게 된다. 이와 같이 교통은 사회 전반의 전문 인력과 행정, 관리에 종사하는 공무원들이 함께 연구하고 협력할 필요가 있다.

중국의 경우도 마찬가지이다. 중국의 아이비리그인 C9에 속하는 명문대 중에서 교통대학이라는 명칭을 가진 학교들이 있다. 해당 학교들은 공학, 경제, 경영, 행정, 사회과학, 인문과학 등의 단과대를 갖춘 종합 대학으로 구성되어 있다. 교통 관련 적절한 전문가를 양성하기 위해서는 교통학뿐만 아니라 관련 학과들에 대한 공부가 필요하다는 인식 때문이다. 또한 각 분야를 전공한 전문가들이 졸업 후 각계각층으로 진출하면 서로 협력 체계를 갖추기 위한 준비과정이 아닐까 생각된다. 현재 우리 대학의 교통학과 과목들은 한정적으로 구성되어 있다 보니 취업후 바로 업무에 적용하기 힘들다. 교통학은 기본적으로 공학 분야 외에 경영학, 통계학, 수학, 행정학, 법학, 심리학, 사회학 등의 공부가 필수적임에도 불구하고 공학의 일부분만 배우고 있는 것이다. 실제로는 교통을 전공한 학생이 IT 회사로 취직하는 경우가 많다. 기초적인 교통 공학 외에 전자공학과 컴퓨터에 대한 전문지식도 필요하다는 의미일 것이다. 또한 교통 전공 졸업자 중 상당수가 중앙정부, 지자체, 경찰, 공기업, 정부출연연구소 등 관공서에 취업하고 있다. 행정 분야에 대한 공부도 대학에서 꼭 필요한 이유이다. 현실 속 교통 문제 해결을 위해 관공서를 중심으로 학계, 연구원, 산업계, 시민단체 등이 협력할 경우를 대비하려면 대학 강의과목을 대폭 수정하고 보완하는 일이 시급하다.

필자의 경우, 대학원 과정에서 교통공학을 공부하며 경영학과, 통계학과, 산업공학과, 전자공학과, 수학과 등 각 학과 강의실을 직접 찾아다니며 관련 과목을 수강했었다. 그동안 연구와 강의, 행정과 사업 등의 여러 분야에서 보냈던 시간을 돌이켜보면 그렇게 습득한 다양한 분야의 지식과 사회에서 쌓은 현장 경험들이 업무 추진에 많은 도움을 주었다. 이후 정부의 위원회 활동에 참여했을 때도 관련 분야에 대한 지식과 경험이 해당 업무를 성공적으로 수행하는 데 든든한 디딤돌이 되었다. 정부의 교통 관련 담당자와 연구원 또는 산업계 전문가들이 정기적으로 업무 진행 상황을 교환하며 경험하는 것도 교통 업무의 생산성을 높이고 교통전문가들의 능력을 배가시키는 데 좋은 기회가 될 것이다. 그러한 교류 활동은 교통 문제를 시의적절하고 현명하게 해결하는 데도 도움이 된다. 복합적이고 현장 중심인 교통의 특성을 감안할 때, 교통 관련 각계각층의 교류는 필수 불가결하다.

필자는 대학에서 방학 때마다 학생들을 교통 관련 연구원과 지방자치단체 등으로 보내 현장 학습의 기회를 주었다. 결과적으로 그런 경험이 학생들에게는 소중한 자산이 되었고 졸업 후 취업에도 커다란 이점으로 작용했다. 취업 후에는 업무 생산성과 효율성이 월등히 높다는 직장 내 평가가 들려오곤 했다. 교통 관련 산업체와 대학, 관공서 사이에 현재보다 적극적인 교류가 생긴다면 교통이 우리 사회에서 보다 긍정적인 역할을 할 수 있는 획기적 전환점이 될 것이라 확신한다. 각자 분야에서 본연의 업무를 충실히 수행하면서 그러한 공동 협력체의 효율적인 운영이 동반된다면 우리 사회의 교통 문제 해결을 위해 보다 좋은 결과를 이끌어낼 수 있을 것이다.

교통공무원은 어떤 일을 할까

필자는 늘 관공서의 공무원들은 교통 업무를 구체적으로 어떻게 수행할까 매우 궁금했다. 그런 관심 덕이었는지 우연치 않은 기회에 교통 분야 중 가장 첨단 분야인 교통정보(ITS, Intelligent Transportation System)를 다루는 서울시 교통정보센터(TOPIS)에서 근무할 기회를 얻게 되었다. 교통정보는 특성상 정보통신(IT)과 밀접한 관계가 있다. 서울시 교통정보센터에는 교통(전문)직, 행정직, 전산직, 전기직, 통신직, 기능직 등 직군이 다양하다. 시민들에게 교통정보를 제공하기 위해 첨단교통시스템을 유지 관리하고 개선하는 것이 주요 업무이다. 시민들이 실시간 도로 교통상황을 알 수 있도록 모바일 앱을 비롯한 여러 미디어 수단을 통해 버스, 지하철, 자전거 등의 운행 관련 실시간 정보를 전달하고 있다.

센터 공무원들은 그와 같이 방대하고 복잡한 업무를 수행해야 하지만 시민들에게 유용한 정보를 제공한다는 보람이 적지 않았다. 필자 역시 공무원이 되고 보니 공무원의 마음가짐과 업무가 어떤 것인지를 이해하고 공감할 수 있었다. 공무원은 모든 업무가 시민들의 요구에 달려있으며 오로지 시민의 편의성 향상을 목표로 움직이고 있다. 시민들이 교통정보를 사용하지 않으면 아무리 열심히 뛰어 얻은 정보라 해도 아무런 의미가 없다. 시민의 요구를 수용하는 맞춤형 정보를 만들어 제공하는 것이야말로 가장 핵심적인 업무의 지향점이다.

시민 맞춤형 정보의 생산과 전달을 위해 새로운 시스템을 구축해야 하는 경우가 있다. 다행히도 필자가 근무하는 동안 교통정보센터에서 제공한 교통정보들은 시민들의 통행에 시의적절하게 활용되었고 긍정적인 반응을 얻을 수 있었다. 그런 반응에 신이 나서 매일 아침 새로운 교통서비스를 만들기 위해 더욱 열심히 노력했던 기억이 아직도 새롭다. 교통서비스를 개선하고자 하는 의지와 목표가 명확하다면 새로운 관련 기술을 통해 기존 운영방식을 조정함으로써 보다 나은 서비스가 가능하다는 것도 배울 수 있었다. 서로 신뢰를 갖고 노력하는 가운데 시민들은 새로운 서비스를 제공받고 공무원은 기존 시스템의 효율성과 생산성을 높이는 일석이조의 효과를 거두었던 것이다. 그러다 한 번은 새로운 교통정보서비스를 더 많은 국민들에게 제공하자는 중앙정부 부처, 즉 행정안전부의 제안을 받은 적이 있다. 서울교통정보센터의 교통정보를 중앙정부, 민간기업과 함께 공유하고 싶다는 내용이었다. 필자는 약 10분 정도 설명을 듣고는 바로 실행하자고 동의했다. 그처럼 예산 중복을 피하고 시행 효과를 배가시킨 경험은 상당히 유용하고 흥미로웠다.

공무원은 시민을 대상으로 대중적인 서비스를 제공하는 일을 주로 하며 다른 분야와 협업이 반드시 필요하다는 것도 배울 수 있었다. 하나의 프로젝트를 완성하기 위해서는 시청 내

다른 행정 부서뿐 아니라 산업체, 학교, 연구소들과도 업무상의 긴밀한 협조가 필수적이었기 때문이다. 필자의 경험으로 미루어 교통학 이론을 공부한 후, 배운 것을 현실로 실현하기 위해 공무원이 되는 것은 재미있고 보람 있는 일이라 확신한다. 교통은 현장성과 응용성이 강한 분야여서 현장에서 벌어지는 일들은 어느 하나도 놓칠 수 없다. 도로와 철도, 그리고 교통시설물들은 바로 교통의 실험실인 셈이다. 필자가 정부출연연구원에 있을 때는 중앙정부인 건설교통부와 긴밀한 관계를 유지하며 연구 업무를 수행했다. 중앙정부의 교통 부문 공무원은 주로 국가 교통기반시설의 계획 업무를 수행하고 있다. 예를 들어 도로나 고속철도, 공항 등의 건설 계획과 국토개발 등의 업무이다.

필자는 한국에 오자마자 고속철도 건설계획업무에 참여하게 되었다. 정부출연연구원이 중심이 된 계획수립 업무였다. 업무 요지는 고속철도가 통과하는 지역의 사회경제지표 분석을 시행하여 국민들의 이동성과 접근성을 최대화하는 방향을 찾아가는 과정이었다. 구체적으로는 보다 많은 사람들이 고속철도를 이용할 수 있도록 이동 경로와 시설물을 계획하는 것이었다. 당시 직접 계획에 참여했던 그 고속철도가 완공되어 많은 사람이 편리하게 이용하는 것을 보면 한 편으로 뿌듯한 마음을 감출 수 없다. 고속철도 사업은 북쪽으로 러시아, 중국과 연결되어 유럽까지 여행이 가능할 만큼 광범위하고 이용자도 많은 대형 프로젝트이다. 그런 종류의 일을 다루는 정부 부처 공무원은 우리나라의 관련 계획 검토는 물론, 주변 국가의 현황과 교통시설물 계획 등에 관해서도 공부해야 할 경우가 많다. 중앙정부 공무원 역시 국민의 편의성 증진을 위한 여러 가지 업무를 수행하고 있었다. 또한 정부출연연구원뿐만 아니라 지자체 공무원, 국내 외 기업, 국회, 대학 등 여러 주체와의 협업이 필수적으로 요구된다.

일반적으로 공무원의 가장 주된 업무는 예산 집행이다. 국민의 세금으로 걷힌 예산을 관련 법령에 따라 합리적으로 국민에게 되돌려주는 일이다. 교통 분야의 경우는 대형 교통 시설의 건설 등으로 예산을 집행한다. 교통공무원의 역할은 교통시설 건설의 경제적, 재무적 타당성을 검토하고 교통시설 건설 후 운영과 유지관리 상태를 점검하는 평가를 정기적으로 시행하는 것이다. 만약 사업 시행 평가를 소홀히 하면 추후 사업 확장의 근거를 확보하지 못하는 경우가 발생한다. 또한 정부 여러 부처에서 중복으로 예산을 집행하는 경우도 있다. 그런 낭비를 막기 위해서는 정부의 예산 컨트롤 타워를 신설하여 예산 집행의 합리성과 중복 여부를 세밀히 확인하는 작업이 필요하다. 투철한 사명감과 봉사정신으로 정부의 교통사업에 대한 평가를 철저히 하고 그 결과를 향후 관련 정책의 수립과 조정, 인사와 조직 개편에 활용할 수 있게 해야 한다. 이때 사업에 대한 평가 결과를 공무원 재임용의 기초자료로 활용할 수 있도록 제도와 법령을 개선한다면 예산 집행의 투명성과 생산성을 높이는 계기가 될 것이다.

살 만한 나라를 만들려면

우리의 겨울은 삼한사온이 주기적으로 반복된다. 아무리 추워도 사흘만 견디면 다시 나흘은 따뜻하니 날씨도 인정스럽다고 할까. 그러나 지구온난화와 함께 최근엔 겨울이 혹독하다. 한 번 추위가 시작되면 언제 풀릴지 기약이 없다. 열흘 이상 계속되던 강추위가 물러가고 좀 살 만하다 싶으면 이번엔 미세먼지가 그 자리를 대신한다. 그처럼 기후변화, 미세먼지, 악천후 등 새로운 환경문제가 안전하고 쾌적하게 살아왔던 사람들의 일상에 지속적인 위협으로 작용하고 있다. 특히 대도시는 일상에 심각한 불편을 느낄 정도이다. 급격한 도시화는 도시의 가용 용량에 비해 사람과 시설물을 지나치게 늘려와 도시의 기온은 점점 올라가고 습도와 불쾌지수도 급상승해 삶의 질이 현저히 떨어졌다. 또한 이제 미세먼지는 공장이나 발전소 등 산업적 요인이 원인인 경우도 있지만, 차량의 배기가스가 주요 원인으로 꼽힌다. 수많은 자동차와 사람들이 스스로 자신들의 일상의 터전인 도시의 삶을 악화시키는 아이러니한 일이 일어나고 있는 것이다.

서울과 수도권의 경우를 살펴보자. 해방 후 서울 인구는 약 삼백만 명 정도였다. 인구가 그다지 많지 않아 80년대 중반까지만 해도 쾌적한 환경을 유지했다. 그러나 86년 아시안 게임과 88년 올림픽 경기 후 서울 인구는 천만 명 수준에 이르게 된다.

인구 천만의 도시는 세계적으로도 규모가 큰 도시에 속한다. 도시의 생활수준을 가늠하는 주요 기준인 교통 편의성 측면에서 본다면, 90년대 들어 서울은 심각한 교통정체와 교통사고율 증가 문제들을 겪기 시작한다. 교통과 관련한 여러 가지 불편 사항은 주거 환경에도 영향을 주어 도심과의 접근시간이 집값에 직접적인 영향을 미쳤다. 또한 도시 환경 전체를 열악하게 만들었고 도시민의 삶을 더욱 팍팍하게 만들었다.

1980년대 후반에 이미 인구 천만에 육박하던 서울은 현재까지 동일한 수준으로 유지되고 있다. 서울에 살던 사람들이 인근 신도시 등으로 이주했기 때문이다. 수도권 전체의 교통시설과 주거시설이 크게 확충된 것이 그 요인이다. 서울과 인접한 경기도의 유입 인구는 계속 증가하여 2017년 현재 서울수도권은 전체 2600만이라는 거대 도시로 변모했다. 그로 인해 서울수도권 주민의 삶의 질은 점점 더 악화되었다. 우리보다 경제적으로 앞서 있는 나라들의 경우, 예전부터 대도시에서 살고자 하는 사람들의 욕구가 그리 강하지 않았다. 주요 도시 간 교통망의 꾸준한 건설과 운영으로 대부분의 도시들이 형평성 있게 발달해왔다. 그로 인해 지방 도시의 생활 여건과 삶의 수준이 수도권에 비해 큰 차이가 없었다. 굳이 대도시의 혼잡 속에서 살 이유가 없는 것이다. 현재 대부분의 유럽 국가들은 수도의 인구가 그리 많지 않다.

이제 대한민국의 교통은 세계 어디에 내놓아도 손색없는 사통팔달의 모양새를 갖추고 있다. 전국의 도로는 7×9 격자형 구조의 교통망이 거의 완성되어 각 도시간 통행이 반나절이면 가능하게 되었다. 수도권을 제외한 지방 도시들도 꾸준히 교통시설과 제반 생활여건을 개선해온 결과 접근성과 이동성이 양호해졌다. 따라서 이제는 지방 도시의 삶의 수준 향상에 관해 구체적인 방안을 논의해야 할 때다. 전국의 모든 지역을 살 만한 도시로 만드는 것이 국가의 주요 정책 목표가 되어야 한다.

최근에는 전체 인구의 15%를 차지하는 베이비붐 세대가 은퇴하기 시작하였다. 굳이 서울을 고집할 필요가 없는 은퇴자의 주거 패턴을 고려해보면 그들이 지방으로 이주할 가능성에 대해서도 대비를 해야 한다. 만약 지방도시가 삶의 편의성 면에서 서울과 크게 다르지 않다면 이주를 망설일 이유가 없을 것이다. 그런 면에서 그들의 자발적인 이주가 가능하도록 지방도시의 삶의 수준을 높여야 한다. 이러한 대책은 대한민국이 정말 살 만한 나라로 거듭날 수 있는 중대한 기로가 될 수 있다.

각 도시에서 교통 관련 사회간접자본의 운영과 유지관리는 삶의 질을 높이고 도시의 수준을 결정하는 중요 요소이다. 향후 지방에서 교통시설의 효율적이고 합리적인 운영이 이루어져 은퇴한 베이비부머의 이주가 현실화된다면, 수도권 인구의 자연스러운 분산에도 파급효과가 클 것이다. 도로 위의 교통량도 적절한 분산이 가장 중요한 해결책인 것처럼, 전 국민이 국토의 곳곳에 분산되어 사는 것도 전체 국가 차원에서 볼 때 살 만한 나라를 만드는 지름길이 될 것이다.

착한 열차

몇 해 전, '설국열차'라는 영화가 많은 관객을 끌어 모은 적이 있다. 영화는 열차라는 한정된 공간을 인생과 세상의 축소판으로 설정하여 그 안에서 벌어지는 인간 군상의 생태계적인 삶과 경쟁, 운명을 이야기하고 있다. 영화가 끝난 후, 열차가 우리에게 주는 의미를 생각해보았다. 자동차와 비행기가 등장하기 전까지는 기차가 사람들의 유일한 이동수단이었다. 가장 오랫동안 주요 교통수단이었던 열차는 요즘은 탈 기회가 점차 줄고 있다. 이동성에서는 비행기에 밀리고 접근성에서는 자동차에 뒤처지기 때문이다. 영화에서처럼 기차는 거기 의지해 살아야만 했던 사람들의 사연과 애환이 배어있다. 그래서인지 우리는 지금도 기차를 떠올리면 달콤한 추억과 낭만을 연상하게 된다. 딱히 목적이 없이도 기회가 되면 한 번쯤 기차에 올라 여행을 떠나고 싶은 감상에 젖어들기도 한다.

몇 해 전, 서울에서 제천까지 가는 전세 열차를 탄적이 있다. 설국열차처럼 내용은 다르지만 성지순례라는 동일한 목적을 가진 약 800여 명의 사람이 12량이나 되는 긴 열차를 탔다. 영화와는 달리 나름 낭만이 살아있는 기분 좋은 경험이었다. 하지만 교통전문가로서는 씁쓸한 기분을 지울 수가 없었다. 공휴일은 보통 여행과 관련된 교통수단의 대목이라고 볼 수 있다. 그런데

일요일임에도 불구하고 그 열차는 전세 형태로 운영되고 있었다. 얼마나 승객이 없으면 그랬겠나 싶다가도 막상 철도 승객의 수요가 열차 공급에 비해 크게 적은 현실을 피부로 느끼니 착잡함이 밀려왔다. 한편으로는 승객이 없다고 그대로 정차하고 있는 것보다는 이렇게 전세열차로 운영하는 편이 여러모로 생산적이라는 생각이 들었다. 기존 시설물의 활용 측면에서 본다면 오히려 박수를 쳐줄 일이다.

이제 우리 사회에서 새로운 교통시설을 건설하는 것은 비용이나 효용성 측면에서 비효율적인 일이 되어버렸다. 기존 교통시설물의 활용이 앞으로는 더욱 중요한 사안이 될 것이다. 서울 지역의 특정 시간대를 제외하고는 전국 대부분의 지역에 위치한 교통시설물의 활용률은 심각하게 저조한 실정이다. 유휴 시설물들을 대상으로 한 활용 방법을 찾기 위한 노력이 필요한 때이다. 전세 개념을 도입한 열차 운영은 그런 면에서 바람직한 선택인 것이다. 시설물 운영자와 이용자 모두에게 도움이 되는 효과적인 대안이라는 점에서 '착한 열차'라 부를 수도 있을 것 같다. 향후 철도 관리 운영자는 그처럼 승객의 취향과 선호도를 검토하여 새로운 서비스를 개발할 필요가 있다.

또 다른 착한 열차의 성공 사례가 있다. 강원도 산악 지역에서 운영 중인 협곡열차이다. 관광을 목적으로 일반 철도, 전세버스, 협곡열차를 나란히 연계하여 운영하는 개념이다. 열차와 버스를 연계한 운영사례는 기존 교통시설물을 최대한 활용하면서 새로운 관광수요를 창출하는 방식이다. 또한 교통서비스를 통해 잠재 관광객을 이끌어냄으로써 교통과 관광산업 간 시너지 효과를 기대할 수 있는 장점도 있다. 이런 시도들은 기존에 없던 새로운 서비스 시장을 만들어내는 블루오션이라고 평가할 수 있다. 일자리 창출은 그 덤이다. 국가적 차원에서 볼 때도 그와 같은 유관산업간 융복합 정책은 국민의 삶의 질을 한 단계 향상시킨다. 협곡열차의 경우, 단일 교통수단으로는 관광객 유지가 어렵던 상황이었으나 교통수단간 연계와 융복합을 통해 새로운 형태의 관광이 가능하도록 만들었다. 국민들은 그로 인해 새로운 유형의 여가 생활을 즐기게 되고 정부는 일자리 창출 효과를 얻을 수 있으니 두 마리 토끼를 잡게 되는 것이다. 대중교통 이용 활성화를 통해 도로의 혼잡도가 완화되면 도로 통행이 원활해지는 효과도 얻을 수 있다. 아직은 그러한 융복합 노력이 시작단계이지만 계속적인 서비스 창출이 이어진다면 국가의 미래전략 분야로서도 한 축을 담당할 것이다. 전세열차와 관광열차는 국민이 원하고 국민을 이롭게 하는 착한열차가 맞다.

한편 기존 열차와는 별개로 고속열차의 경우, 현재 국토의 남북축으로 활성화 되어 운행되면서 비행기보다 접근성과 이동성이 우수하다는 세간의 평가를 받고 있다. 그에 따라 열차 이용자도 점차 증가하는 추세이다. 고속열차는 출발지와 목적지 사이를 고속으로 이동하는 장점도 있지만, 철도역사에서 다른 교통수단과의 연계성을 높이는 효과도 있다. 고속철도와 지하철, 버스나 택시, 렌터카 및 타 열차와의 환승은 승객 편의성을 향상시키고 지역의 산업을 발전시키는 요인으로 작용한다. 독일, 일본, 프랑스 등 우리보다 앞서 고속철도를 운영하는 다른 나라의 실례를 봐도 고속 열차의 운행은 수십 년간 지역 개발과 산업 발전에 크게 기여해왔음을 알 수 있다.

우리나라의 고속열차도 향후 줄곧 착한 열차 역할을 해낼 것이다. 특히 고속열차 노선이 우리나라에만 한정되지 않고 북한, 중국, 러시아를 거쳐 유럽까지 도달한다면 산업, 관광, 무역, 문화 등 여러 면에서 긍정적인 영향을 줄 것이다. 열차를 타고 시베리아 벌판을 달려 유럽의 도시들을 방문하는 장면은 상상만 해도 가슴 설레는 일이다. 현재 개발이 시작된 노면전차 역시 앞날이 밝다. 노면전차란 전용선로 없이 도로에 부설된 레일 위를 달리는 열차이다. 이웃 일본이나 홍콩, 유럽 등에서 흔히 볼 수 있다. 우리나라에서도 오래전 운행되다 폐지된 적이 있으나 최근 예산이 많이 드는 지하철의 대체 교통수단으로 다시금 주목받고 있다. 노면전차는 버스와 지하철의 중간 역할을 하면서 국민의 새로운 발이 될 착한 열차가 될 것이다. 노면전차의 성공적인 운영을 위해서는 다른 나라의 사례들을 참조하여 승객의 편의성을 향상시키고 국가 경제에 도움이 되는 방법을 찾아야 할 것이다.

통일교통

필자는 오래전부터 통일교통이라는 용어를 자주 사용해왔다. 아마 첫 직장인 한국교통연구원에서 집중적으로 연구하고 배운 유라시아 철도 관련 프로젝트의 영향일 것이다. 우리나라는 삼면이 바다로 둘러싸인 반도 지형이지만, 실제로는 섬과 마찬가지이다. 북쪽이 휴전선으로 막혀있기 때문이다. 주변국과 교류를 한다고 해도 항공이나 선박을 통해서만 가능한 구조이다. 육로를 이용할 수 없으니 무역과 인적 교류도 제한적일 수밖에 없다. 참으로 안타까운 일이다.

그런 문제를 해결하기 위해서는 지금부터라도 남북을 연결하는 교통시설을 꾸준히 준비해놓아야 한다. 언젠가 통일이 되면 북한을 통해 러시아, 중국 등 북쪽 지역과 교류가 시작된다는 가정하에 도로와 철도 등을 연결해두자는 취지이다. 서해부터 동해까지 남북으로 연결할 수 있는 교통로가 여러 군데 있다. 일부는 이미 연결되어있지만, 정상적인 통행을 위해서는 시설을 재정비하고 규모를 확충해야 한다. 러시아의 천연가스를 공급할 가스관도 그 경로와 시설을 미리 점검할 필요가 있다. 남북을 연결하는 도로망과 철도망, 천연가스관이 모두 준비되고 교류를 할 수 있는 외부 여건이 조성되면 중국, 러시아, 중앙아시아, 유럽 등과 다양한 부문에서 활발한 교류가 가능해질 것이다.

비록 통일교통이라는 표현을 사용하긴 했으나 광범위한 세계적 차원의 '유라시아 교통망'이라 부르는 편이 더 적합할 수도 있다. 치밀한 남북 교통망 연결을 통해 중국, 중앙아시아, 유럽 등 전 세계의 드넓은 대륙으로 뻗어 나갈 수 있는 절호의 기회가 만들어지는 것이다. 그런 구상이 현실화 된다면 우리나라는 현재의 고립된 섬 구도와는 완전히 다른 대륙적 차원에서 교통을 재구상하고 새롭게 계획하게 될 것이다.

현재 우리 정부는 한국, 북한, 러시아, 중국, 일본이 참여하는 두만강 신도시 개발 사업을 지속적으로 추진하고 있다. 우리나라와 동북아의 평화와 발전을 위해 매우 바람직한 일이다. 특히 두만강 개발 사업으로 인해 동해안 개발이 빠른 시일 내에 성사된다면 통일 교통을 바라는 우리에게는 더욱 좋은 소식이라고 볼 수 있다. 우리 입장에서는 두만강 개발 사업과 함께 교통의 효율성을 극대화하는 장기적인 비전속에서 새로운 교통망을 구축하는 것이 가장 중요하다. 두만강 사업을 최대한 활용하면서 지역의 균형 발전에 지속적으로 도움이 되는 방향으로 추진하여야 한다.

두만강 개발 사업은 수도권과 중국, 러시아, 북한을 상호 보완적으로 개발할 수 있는 매우 이상적인 계획이다. 한반도 동해안은 자연 자원의 천혜 보고이며 동아시아 지역의 여러 나라를 최단 거리로 연계하는 상징적 교통축이다. 동해안 도로들은 우선적으로 여객의 이동에 활용하고 향후 남북축 철도는 물류의 통로로 적극적으로 활용해야 한다. 철도에 의한 물류의 활발한 이동은 지역 발전의 시발점이 될 것이다. 또한 인구 이동과 유입을 부르는 경제성 높은 지역 발전 전략이기도 하다. 최근 동해안 지역은 항공과 항만 이용이 어느 정도 활성화되기 시작했다. 가장 취약한 철도 부분의 계획과 시행이 더해진다면 연계 환승을 통한 지역개발의 가장 완벽한 시나리오가 완성되는 셈이다. 장기적인 비전 속에서 남북한, 러시아, 중국 간 물류와 관광객 부문의 이동이 보다 활발해질 것으로 예상된다.

한편, 아직 시작되지 않은 압록강 주변 개발 계획도 눈여겨 보아야 한다. 중국과의 활발한 교류를 위해서는 우리나라에서 단거리로 중국을 연결하는 서울과 신의주 연결 노선이 필요한 실정이다. 지금도 중국은 신의주를 북한과 교류 통로의 거점 지역으로 활용하고 있다. 우리나라 수도권과 평양, 신의주를 잇는 도로와 철도교통망이 건설된다면 중국, 중앙아시아, 인도, 동남아시아와의 교류에 큰 역할을 할 것이 분명하다. 현재는 선박으로 운송 중인 화물을 철로로 대체하여 이용한다면 비용과 시간 측면에서 무역상의 이점으로 작용할 것이다. 우리나라 서쪽 지역에서 남북을 연결하는 완전한 교통축의 개발이 시급한 이유이다. 통일교통이라는 명목 아래 중국, 러시아, 중앙아시아, 동남아시아 등과의 활발한 무역에 초점을 맞추고 연결 교통망 사업을 추진하는 것이 바람직할 것이다.

교통방송 시청률, 이렇게 하면 오른다

현재 우리나라의 TV 교통방송은 아침 시간에 잠깐 교통상황을 알려주는 데 그치고 있다. 명절이나 연휴를 제외하고는 일상적인 교통정보를 형식적으로 방송하고 있다. 시내와 고속도로 주요 지점의 카메라 화면만 몇 개 보여주는 게 교통상황 방송의 전부이다. 한 마디로 운전자들이 스스로 알아서 운전하라는 것이다. 교통 현황과 긴급 상황 등 국민에게 필요한 교통정보를 신속히 전달하려는 의지도 의욕도 없어 보인다.

몇 해 전 1월 2일, 1월의 첫 업무 시작일 서울에 폭설이 내려 길이 엉망이 되었다. 새해 첫 날부터 대부분의 직장인들이 몇 시간씩 지각을 하고 업무에도 큰 지장이 생겼다. 사람들은 아무리 갑작스러운 폭설이라 해도 교통이 그렇게까지 심각하게 마비될지 짐작도 못했다. 모두들 기상이변을 탓했지만 교통전문가의 입장에서 보면 사전에 충분히 막을 수 있었던 교통대란이다. 만일 교통방송이 날씨 정보와 공조하여 교통정보를 정확하게 알려주었더라면 아마도 그와 같은 총체적 난국은 피할 수 있었을 것이다. 그런 경우에서 짐작할 수 있듯이 교통방송은 반드시 일기예보와 함께 분석되고 전달될 필요가 있다.

어느 지역이든 시민들이 가장 궁금해하는 것이 날씨와 실시간 교통 상황 정보일 것이다. 날씨와 교통은 사람들의 일상에 큰 영향을 주기 때문이다. 그러나 현재 대부분 교통방송은 아침시간에만 집중되어 있고 지나치게 광범위한 지역을 다루고 있어 시민들에게 큰 도움이 되지 못한다. 게다가 보여주기식 정보인 탓에 방송 내용 자체가 특별한 의미가 없다. 교통 정보의 내용이 일관성이 없고 영상자료에 대한 분석과 전문성이 결여되어 있다. 제대로 된 교통방송이라면 방송국 내부에 교통전문가와 기상전문가가 상존하며 실시간 교통 영상 정보와 함께 날씨 정보를 융합하고 연구하여 분석된 결과를 방송으로 내보내는 게 마땅하다.

교통정보를 제공하는 지역적 범위도 시민의 관심사에 맞도록 재조정되어야 한다. 예를 들어 서울 강북지역 사람들에게는 남해고속도로나 동해안 고속도로의 교통상황이 딱히 필요하지 않다. 여행이나 특별한 목적이 있는 경우라면 몰라도 평상시 알아야 할 정보는 아닌 것이다. 좀 더 적확한 교통정보를 위해서는 시민들의 일상과 직접 관련 있는 지역에 대한 면밀한 사전 조사가 이루어져야 한다.

또한 현재보다 활용도가 높은 방송이 되기 위해서는 아침뿐만 아니라 저녁 시간에 TV에서 교통상황과 기상정보를 실시간으로 반복 중계방송할 필요가 있다. 목요일이라면 주말의 도로나 공항, 열차 상황을 관광 및 날씨와 연계하여 교통상황을 예해 주어야 한다. 그처럼 시민의 입장에서 꼭 필요한 교통정보를 방송하는 것이 교통방송의 제대로 된 모습이요 역할일 것이다. 그러나 현실은 그것과 너무나 동떨어져 있다. 라디오방송에서는

TV와 달리 매시간 실시간으로 교통정보를 알려주고 있다. 때문에 라디오 교통정보는 오랫동안 운전자에게 유용하게 활용되어 왔다. 하지만 요즘은 스마트폰 내비게이션의 이용으로 라디오 정보의 위력이 쇠퇴하고 있고, 교통정보의 정확성에 대해서도 상대적으로 신뢰도가 떨어지고 있다. 라디오 교통정보의 활용성을 살리기 위해서는 정보의 대상 지역 범위를 재설정하여 운전자에게 꼭 필요한 정보를 제공해야 한다. 모든 운전자의 실시간 위치에 따른 교통정보를 제공하는 것은 적지 않은 노력이 필요하다. 교통, 기상, 행정, 방송, 경영 등 다양한 전문가들의 협력체제가 필수적이다. 그런 여러 전문가들의 의견을 취합하여 분석된 교통정보를 최종적으로 교통 전문 기관에서 일관성 있게 제공하는 방송체계를 갖춰야 한다.

또한 교통 전문가가 참여하는 교통 캠페인과 토론 프로그램 등은 지역의 교통 문제 해결과 여론 수렴에 큰 역할을 할 것이다. 필자도 한동안 지역 라디오 방송에서 교통 문제를 진단하는 프로그램에 정기적으로 참여한 경험이 있다. 개인적으로 지역의 교통 문제에 대해 공부하고 해결책을 찾아내는 매우 흥미로운 시간이었다. 다른 한편으로는 방송 참여를 통해 현실을 보는 시야를 넓힐 수 있어 관련 연구에도 큰 도움이 되었다. 교통 관련 방송은 반드시 교통전문가의 참여가 필요하고 전문적 의견이 반영되어 시민에게 전달되는 것이 필수적이다. 전문 지식을 바탕으로 한 과학적인 교통 분석과 사고 대처 요령 등은 시민이 도로 위에서 매 순간 마주하는 긴박한 교통상황에 제대로 대처할 수 있도록 도와주는 실질적 교통정보가 되기 때문이다. 실제로도 교통전문가의 방송 참여가 시민들에게 관련 경험과 지식을 전달하여 긴급한 교통 문제를 해결하는 데 기여한 사례가 적지 않다. 여기서 교통전문가란 대학이나 연구원의 박사 등 전문 연구자뿐 아니라 교통 일선의 행정공무원, 교통 관련 종사자, 교통에 전문적 식견을 지닌 일반 시민 등을 모두 포괄하는 개념일 수 있다.

특히 프로그램의 주제가 되는 해당 지역 시민들의 참여는 교통 현안에 대한 관심을 갖게 하여 합리적인 여론 형성에 도움을 주기도 한다. 이처럼 교통 문제와 같은 일상의 현안 해결을 위해 다양한 의견을 수렴하고 개진하는 방송은 무척 의미 있고 중요한 일이다. 오랜 기간의 연구와 탐색 끝에 생산된 전문가들의 연구결과를 공공매체를 통해 전달함으로써 시민들이 교통에 대한 합리적 인식을 갖고 교통질서를 실천할 수 있게 하는 좋은 계기가 되기도 할 것이다.

필자는 교통방송의 운영 개선 관련 공청회에서 주제 발표를 한 적이 있다. 방송전문가들과 함께 토론하며 국민의 교통 의식 수준을 높이기 위해서는 방송프로그램의 역할이 중요하다는 사실에 동감을 표했다. 열띤 토론이 오간 끝에 교통방송은 방송이라는 수단을 통해 교통의 중요성을 홍보하고 질서 의식 수준을 고양시키는데 목표가 있으며, 방송, 교통, 행정, 시민단체 등의 공동 협력을 통해 운영해나가는 게 바람직하다는 결론을 내었다.

교통방송은 현실적인 교통문제의 해결을 위한 주요 수단이다. 그러한 역할을 보다 효과적으로 하려면 새로운 기술과 정책 등을 방송에 활용할 필요도 있다.

한 예로 드론이나 헬리콥터 등을 이용하여 교통상황을 실시간으로 전달하는 것이다. 드론의 활용은 CCTV가 보여주기 어려운 영상을 잡아낼 수 있고 전체의 교통 흐름을 볼 수 있기 때문에 향후 교통상황 예측에도 유용할 것이다. 헬리콥터의 경우, 과속이나 난폭운전 차량의 단속에만 일부 활용되고 있지만, 교통사고의 처리 과정에도 적극 참여한다면 교통 흐름을 정상화하는 데 많은 도움이 될 것이다. 드론이나 헬기를 현실에 활용하기 위해서는 관련 제도나 법규를 조정하고 지속할 수 있는 정책을 수립해야 할 것이다.

한편 교통방송은 교통 교육에도 많은 도움을 줄 수 있다. TV와 라디오에서 다룬 교통 현실은 학생과 일반 운전자의 교육에 생생한 자료로 활용될 것이다. 방송에서 제공되는 교통 현안에 관한 토론과 우리의 부끄러운 교통 현실에 대한 자료 등은 국민의 교통 의식 개선에 유익하게 쓰일 것이다. 또한 우리 사회의 교통 현실을 보다 적나라하게 고발하여 강력한 경각심을 일으키는 효과도 있을 것이다. 또한 우리 현실과 외국의 사례를 비교하는 포맷의 프로그램이 방송된다면 교통의 안전성 향상과 혼잡 감소에도 도움이 될 것이다. 교통방송이 국민들의 교통 교육에 제몫을 하게 되는 기회가 하루빨리 오기를 기대해본다.

Part5

•

주행보다 주차가 중요한 이유

교통사고는 왜 일어날까

움직이는 것들 사이에는 충돌이 일어나기 마련이다. 거리에서 길을 걸을 때도 사람이 많아지면 서로 어깨를 부딪치게 된다. 빠른 속도로 달리는 자동차는 더 말할 것도 없다. 그래서 세상에는 움직이는 사람이나 자동차의 충돌을 막는 규칙이 존재하게 되었다. 도로 위를 지나는 보행자가 지켜야 할 수칙은 비교적 간단하다. 빨간 신호에서 서고 초록 신호일 때 건너면 된다. 그에 비해 자동차 운행 규칙과 법규는 복잡하다. 관련 교통시설물의 설계 지침은 더욱 골치 아프다. 그런데 그 방대한 내용의 상당 부분이 교통사고를 예방하고 사고가 났을 때 대처하는 요령을 담고 있다. 교통사고는 그만큼 우리 일상에서 자주 발생하며 온갖 규제와 법전을 다 동원해서라도 막아야만 하는 중요한 요소인 것이다.

지난 10년간 우리나라 교통사고 발생 건수는 일정 수준을 유지해왔다. 사망자도 눈에 띄게 줄었지만, 부상자 수는 그대로이고 교통사고 위험성도 여전히 높은 편이다. 국제적인 교통사고 관련 지수를 살펴봐도 우리나라는 다른 교통 선진국들 보다 상대적으로 열악한 수준이다. 교통사고는 아직도 우리 주변에서 안전하고 편안한 삶을 위협하는 위험요소로 자리하고 있다. 교통사고는 우리의 생명뿐 아니라 재산과도 직결되어 있다. 교통사고와 관련해서 지출되는 비용은 2014년 기준으로 한 해 약 26조 5

천억 원에 달하는 것으로 나타났으며 지속적인 증가 추세를 보이고 있다. 우리 사회 전체에 큰 재정적 부담으로 작용하고 있음을 여실히 보여주는 수치이다. 교통사고가 나면 사람들은 일상의 불편을 겪게 된다. 아무리 작은 사고라도 일단 병원 신세를 져야 한다. 그로 인해 일상생활의 리듬이 깨지고 트라우마로 오랫동안 고생할 수도 있다. 교통사고는 사회적 불편을 가져오기도 한다. 교통사고가 발생하면 사고 지점과 주변 지역에 교통정체가 일어나며 2차 교통사고를 유발하기도 한다. 짙은 안개나 폭우, 폭설 등의 악천후에는 수많은 교통사고로 인해 도시 전체가 시달리게 된다. 또한 교통사고 상황을 둘러싼 책임 소재를 놓고 서로 다투는 일이 벌어지면 사회 구성원 사이에 불신이 조장되고 운전에 대한 심리적 위축이 초래되기도 한다.

이렇게 큰 피해가 발생하는 교통사고를 근본적으로 없애는 방법은 없을까. 그러기 위해서는 우선 교통사고가 발생하는 원인부터 살펴보고 원인을 찾아 그 요인을 하나하나 제거해간다면 아마도 교통사고를 줄일 수 있을 것이다. 교통사고가 일어나는 원인 중 첫 번째는 운전자가 운전법규와 질서를 지키지 않는 것이다. 교통선진국 도로에서 직접 운전을 해보면 국가별 질서 준수 정도를 쉽게 체감할 수 있다. 현재 우리나라 교통사고 발생률은 OECD 국가 중 최하위에 속할 정도로 후진적인 모습을 보인다. 아마도 교통질서의 준수 여부가 큰 영향을 준다고 추정해볼 수 있다. 그러나 아직 뚜렷한 연구 성과가 없어 그 연관성을 객관적 지표로 증명하긴 어렵다. 교통질서 위반이 교통사고에 미치는 상관관계에 관한 연구는 시급히 시행되어야 할 과제이다. 특히 운전자의 과속, 음주운전, 난폭 운전 등 의도적인 교통법규와 질서 위반이 교통사고의 가장 큰 주범임은 부인할 수 없다. 우리나라는 그중 음주운전과 과속이 교통단속의 주요 항목이다. 그에 비해 미국에서는 난폭 운전이 가장 벌점이 크며 법규 위반 단속의 핵심 사안이다. 사실 난폭 운전은 음주운전과 과속을 포함하기 때문에 유사한 범주에 넣을 수도 있다. 하지만 미국에서 난폭 운전의 벌점이 다른 단속 항목보다 월등하게 높은 점은 눈여겨볼 만 하다.

교통사고의 두 번째 원인은 교통시설물의 문제점을 들 수 있다. 우선 하드웨어 측면에서 볼 때, 도로의 설계 자체가 안전 운전을 방해하는 경우가 있다. 또한 시설물이 비정상적으로 설치되어 사고를 유발하는 원인으로 작용하는 경우도 적지 않다. 도로 설계의 기본 원칙은 차량의 안전 운전을 보장하는 도로 환경을 만드는 것이다. 규정에 맞지 않게 설계되고 건설된 도로의 커브, 경사, 편구배, 차선, 포장 등은 사고의 원인이 되고 있다. 안내판과 표지판의 위치나 내용이 주변 방해물에 가려 운전자에게 잘 안 보이거나, 내용 자체가 이해하기 어려운 것도 운전에 큰 지장을 주게 된다.

소프트웨어 측면의 원인으로는 교통신호등이 교차로와 주변 교통 흐름을 제대로 반영하지 못하여 차량 운행이 방해를 받는 경우를 들 수 있다. 신호 길이가 방향별 교통량과 맞지 않아 차량들이 교차로에서 필요 이상으로 오래 대기하게 되면, 운전자의 조바심을 유발하여 교통법규 위반 위험이 커진다. 일반적으로 공사 중이거나 이벤트가 발생하면 도로의 운영 방식을 변경하게 된다. 그럴 때 일시적으로 설치된 시설물이 잘못 운용되거나 방식에 문제가 있으면 운전자가 혼돈에 빠져 사고를 낼 수도 있다. 고속도로에서는 실시간으로 변하는 교통흐름과 날씨 등을 도로 시설물 설치와 운영에 적절히 반영하지 못하면 대형 교통사고를 일으키는 원인이 된다.

세 번째는 자동차 조작문제로 사고가 유발되는 경우이다. 자동차 자체에 이상이 있음에도 미리 살피지 않으면 사고가 일어나게 된다. 이 유형의 사고로는 급발진이나 브레이크 파열로 인해 사고 등을 들 수 있다. 이런 사고를 막기 위해서는 자동차 운행 전 반드시 차량점검을 해야 하며 노후 차량은 운행을 금지하는 것이 좋다. 갑작스런 자동차 이상이나 교통사고 방지를 위해 에어백, 충돌예방 경고장치, 보다 견고한 외장 등이 안전장치로 개발되었으나 여전히 미흡한 수준이다. 교통안전에 대한 자동차 생산기업들의 적극적인 투자와 연구가 필요한 실정이다.

네 번째는 교통관리자가 교통안전에 대한 인식과 정책 집행의지가 부족한 경우이다. 교통 관리자는 교통안전에 대한 확고한 인식을 지녀야 하고 이를 실천하기 위한 정책 수립에 적극적이어야 한다. 또한 어떤 외부 요인에도 흔들림 없이 해당 정책을 집행할 수 있어야 교통안전이 보장된다. 안전 관련 정책이나 서비스가 잘못 수행되어 사고를 유발하는 경우가 있기 때문이다. 그러한 사고는 교통안전에 대한 관리자의 안이한 인식과 전문성 부족에 가장 큰 책임이 있다.

교통사고의 근본적인 발생을 막기 위해서는 효과적인 교통 단속과 적절한 벌금 수준이 중요하다. 교통관리자는 그 두 가지를 집행하는 역할을 맡고 있다. 교통사고 다발 지점이나 교통흐름이 많이 유발되는 지역에 대한 관리자의 교통 대책과 전략은 사고를 미연에 방지하기 위한 핵심 요소이기도 하다. 예를 들어 도심 방향으로 교통 통행을 극도로 제한하거나 대중교통망을 효율적으로 확장 개선하여 차량 통행을 대폭 줄이는 방식 등이다. 그런 정책을 통해 차량 간의 충돌 가능성을 원천 봉쇄함으로써 안전한 도시를 만들 수 있다. 이처럼 근본적인 원인을 알고 예방하면 원천적으로 사고를 없앨 수 있다. 그러나 위에 열거한 네 가지 교통사고 원인은 결국 모든 사회 구성원의 공동 책임이므로 다 함께 노력해야 극복될 수 있는 것이다.

교통 선진국에 비하면 아직 우리는 교통사고의 명확한 원인에 대한 철저한 분석과 대책이 많이 부족한 편이다. 미국의 교통사고 관련 예산을 보면 입이 다물어지지 않는다. 미국은 모든 교통정책의 목표가 교통 안전성을 최대화하는 것이다. 교통 안전성을 높이기 위해 교통신호등을 달거나 도로 안전 시설물을 설치하는 정도가 아니라 아예 새로운 도로를 건설하거나 새로운 교통수단을 개발하고 있다. 도로 건설 자체보다는 도로 건설을 통한 이동의 안전성을 보장하는 데 그 정책과 예산 집행의 목적이 있는 것이다. 미국 교통부의 위상은 우리나라와는 비교할 수 없을 만큼 견고하고 높은 위치에 있다. 미국을 비롯한 다른 나라에는 건설 관련 부처가 존재하지 않는다. 도로, 철도, 공항, 항만 등의 교통시설물의 건설은 오로지 교통부의 주관으로 시행되고 있다. 우리로서는 꿈도 못 꿀 이야기이다. 교통시설물 건설의 최종 목표가 사람들의 안전한 이동에 있다는 사실이 우리에게는 낯설게 느껴진다. 교통시설물 건설을 위한 대형 예산 확보 현안에 미국의 의회나 국민이 동의한 걸 보면 얼마가 이들이 교통안전을 중시하는지 알 수 있다. 동시에 그런 예산들을 집행하는 교통관리자는 책임감을 갖고 모든 교통정책을 수립하고 교통사고 감소에 집중하고 있는 것이다. 교통사고의 원인 분석과 첨단 안전시설물 확보, 교통안전 캠페인과 교육 등이 든든한 예산과 국민의 전폭적인 지원 속에서 지속적으로 시행되고 있다.

우리와 또 다른 큰 차이는 교통안전 정책의 시행 결과를 공개한다는 점이다. 결과를 바탕으로 향후 교통 안전성을 보다 높이기 위한 정책을 선별하는 자료로 활용하기 위한 것이다. 교통안전 정책에 대한 객관적이고 철저한 평가와 분석은 우리에게도 반드시 필요한 부분이다. 얼핏 쉬워 보이지만 교통안전 문제는 긴 시간과 노력을 들여 해결해야 할 과제인 것이다.

주행보다 주차가 중요한 이유

1990년대 이후 차량이 급증하면서 사람들은 운전대만 잡으면 모두 F1 레이서로 변신했다. 도로 위는 어느새 거친 폭주가 난무했다. 그러나 난폭한 운전습관 못지않게 골치 아픈 사회문제는 바로 주차 문제이다. 2018년 현재 우리나라의 자동차 수는 약 2500만 대에 육박하고 있다. 대한민국 인구의 약 절반가량이 차량을 보유하고 있는 것이다. 소득 증가 속도와 경제 발전 추이를 감안할 때 차량 보유수는 앞으로도 지속적으로 증가할 것이다. 노령 인구가 차량을 보유한 상태에서 청년층의 승용차 구입이 추가되기 때문이다. 우리나라의 자동차 보유 비율(차량 1대당 2.56명)을 미국(1.3명), 일본(1.7명), 독일(1.9명) 등과 비교해도 차량 증가 여력은 충분해 보인다.

차량이 많아질수록 달리는 것뿐만 아니라 차를 주차하는 문제에 대해서도 심각하게 고민해봐야 한다. 원래 차량은 주행하는 시간보다 주차하고 있는 시간이 훨씬 많다. 주차에 문제가 발생하면 일상생활에 큰 불편을 일으킬 가능성이 커진다. 통행이 빈번한 지역에서는 비상식적인 불법 주차로 인해 사람들 간에 갈등과 충돌이 발생하기도 한다. 주차 문제로 이웃끼리 시비가 붙어 흉기를 휘둘렀다는 뉴스가 심심치 않게 들려온다. 한 유명 기업 사장의 부친이 주차 시비 끝에 목숨을 잃었다는 내용이 화제가 되기도 했다. 이제는 주차가 차량 사이에 발생하는 단순한 교통문제가 아니라 생명을 위협하는 심각한 사회문제로 대두되고 있다는 방증이다. 왜 우리는 주차를 제대로 못 하는 걸까. 답은 생각보다 간단하다. 운전하는 방법은 배웠지만 주차하는 방법을 배운 적은 없기 때문이다. 올바른 주차 법을 잘 모르니 주차 문제가 발생할 수밖에 없다. 주차 선진국의 경우 주차능력과 관련 지식은 운전면허 시험의 주요 항목이다. 주행을 아무리 잘해도 주차를 제대로 하지 못해서 시험에 탈락하는 경우가 비일비재하다. 그에 비해 우리나라는 주차 하는 방법을 배울 수 있는 제도가 미흡한 것이 주차 미숙의 한 원인이 되고 있다.

마땅한 주차공간이 없는 것도 주차 문제를 일으키는 큰 원인 중 하나이다. 주차 선진국들은 운전자가 도로에서 마음 편하게 주차할 수 있도록 합리적인 안내 체계와 충분한 주차 공간이 마련되어 있다. 도로 주변 곳곳에는 공영주차장과 민영주차장 등이 설치되어 있으며 주차요금 징수 기계인 파킹미터기를 통해 주차한 시간만큼 요금을 지불하는 방식으로 운영된다. 운전자가 어디서든 정상적인 방법으로 주차를 할 수 있는 기반이 제공되고 있는 것이다. 이처럼 일관성 있고 편리한 주차 체계는 운전자에게 합법적인 주차를 할 수 있도록 유도하고 있다. 주차 수요를 명확하게 예측하여 주차장을 충분히 공급하므로 주차 공간을 찾는 데도 큰 어려움이 없다.

불법 주차에 대한 철저한 단속 역시 합법적인 주차를

생활화하게 만드는 주요 요인이다. 주차 선진국일수록 불법주차에 대해 엄격하다. 누구든 예외없는 단속과 분위기는 불법 주차를 하면 반드시 불이익이라는 인식을 심어주고 있다. 그에 비해 우리나라는 불법 주차 풍조가 만연하다. 합법적인 주차공간이 있음에도 불구하고 불법 공간에 주차하는 일에 익숙하다. 운전자들의 의식만 문제가 아니다. 차량 통행에 크게 지장을 주지 않는다면 주차 단속을 완화하는 느슨하고 안이한 정부의 무책임한 인식과 태도도 불법 주차를 조장하는 데 한 몫을 하고 있다. 도로 위에 무려 5분 가까이 불법 주정차를 해도 단속 대상이 아닌 것이 우리의 현실이다. 대중교통에 대해서는 더 오랜 시간 동안 불법 주정차를 허용하고 있다. 많은 사람이 이용하는 대중교통이기 때문에 편의를 봐주는 차원에서 불법 주정차를 눈감아주는 것은 그것보다 훨씬 중요한 측면을 간과하고 있다. 일시 정차가 도로의 정상적인 운영에 큰 방해물이 된다는 사실이다. 필자는 그러한 불법 주정차의 용인이야말로 전체 도로 시스템에 부담을 주어 교통 혼잡과 사고를 유발하는 불씨가 된다고 생각한다.

국민들에게 법과 정책은 얼마든지 어길 수 있다는 인식을 심어주는 것도 큰 문제이다. 이는 국민의 준법정신을 해치고 또 다른 교통정책에 악영향을 주며 도로 정책의 올바른 실행에도 걸림돌로 작용할 것이다. 차량 통행에 방해를 주는지 여부의 판단은 운전자의 주관적 판단이 아니라 객관적인 교통법규에 근거하는 것이 타당하다. 불법 주정차 지점과 구역에서는 절대 예외 없는 철저한 단속 집행만이 정답이다. 주차는 정상적인 주차 공간에 주차하고 불법 주차는 언제 어디서든 관련법에 근거하여 집행하는 일관성 있는 주차문화가 정착되어야 한다. 그렇게 되기 위해서는 원칙대로 주차하도록 유도하는 행정 수완과 합리적인 주차 정책 및 체계가 조화를 이루어야 할 것이다.

지금까지 주차 문제를 일으키는 여러 가지 원인과 해결 방법을 알아보았는데 보다 근본적인 해결을 위해서는 우선, 교통 교육을 강화해야 한다. 학교 교육을 통해 주차를 비롯한 전반적인 교통 상식과 질서 함양 의식을 심어줄 필요가 있다. 어릴 때부터 몸에 배인 교통문화는 사회 전체의 교통 문제를 정상화할 수 있는 가장 좋은 해결책이다. 초등학교에는 교통학 전공 선생님이 의무적으로 근무하면서 교통 교육을 전담시킬 필요가 있다. 학교에서 영어, 수학을 공부하는 것도 좋지만 사회인으로서 지녀야 할 기본 소양을 배우고 익히는 것은 더욱 중요한 일이다.

교통 선진국에서는 관공서나 은행, 상가, 경기장 등에서 바르게 줄 서는 법 등을 한 학기 동안 가르치기도 한다. 사회인으로서 반드시 알아두어야 할 기초 지식들을 학교에서 가르치는 것이다. 자동차를 운전하고 올바로 보행하는 일은 우리 일상에서 매 순간 행해진다. 제대로 된 기본 질서 교육은 건전한 교통 환경을 만드는 데 큰 도움이 될 것이다. 학교에서 사회인 운전자를 위한 표준화된 교통 교육 프로그램을 개발하여 운전면허 과정과 교통위반자의 재교육 과정에서 활용하는 일도 중요하다.

뛰는 단속 장비 위에 나는 운전자, 캥거루 효과

캥거루 효과(Kangaroo Effect)라는 말이 있다. 차 내비게이션에서 경고 신호가 울린다. 과속 단속에 주의하라는 내용이다. 고속도로나 자동차 전용도로에서 미친 듯이 달리던 차량들이 일제히 속도를 줄인다. 그러나 그것도 잠시뿐. 단속 카메라의 반경을 벗어나게 되면 차들은 또 다시 속도를 올린다. 이처럼 과속단속 장치 앞에서만 잠깐 속도를 줄였다가 다시 속도를 내는 운전자의 행태가 캥거루와 닮았다고 하여 붙여진 말이다. 도로와 주변 안전시설, 포장, 도로의 기하구조 등 교통시설 여건이 좋아지고, 차량 기술의 발전이 과속 차량이 점점 많아지는 것을 조장하고 있다.

경찰은 CCTV를 설치하여 과속 사고를 줄이려 노력했고, 한동안 운전자에게는 그 CCTV가 감시자의 역할을 했었다. 카메라에 찍히면 과태료로 적잖은 돈을 내야 하기 때문에 단속 카메라에 걸리지 않기 위해서라도 과속을 조심해야 했다. 덕분에 CCTV는 과속을 방지하고 안전한 도로 상황을 만드는 데 긍정적인 효과를 가져왔다. 하지만 시간이 지날수록 CCTV는 무용지물이 되어가고 있다. 운전자들에게 이미 CCTV의 위치가 익숙해졌고, 차량내 위성항법 통신장치(GPS, Global Positioning System)를 통해 카메라의 위치를 감지하는 기술이 애용되고 있기 때문이다. 그 결과 운전자들이 카메라의 설치 지점에서만 속도를 줄이고 다시 과속하는 캥거루 효과가 나타나게 된 것이다.

도로 위에서 차량들 간 속도 차이가 클수록 교통사고가 많이 발생한다는 연구결과가 있다. 차량들이 속도를 내렸다 올렸다 하는 불규칙한 운행은 차량 간 속도차로 인한 교통사고 유발 가능성을 높인다. 과속으로 인한 사고를 방지하기 위한 CCTV의 설치가 오히려 사고의 원인을 제공하게 되는 것이다. 또한 카메라의 노후화와 오작동도 단속 효과를 떨어뜨리는 요인이 되고 있다. 따라서 이제는 CCTV 설치의 타당성을 다시 한번 점검해보고 새로운 과속 방지 대책을 수립해야 할 시점이다.

최근 우리나라에서는 그와 같은 문제점을 해결하기 위해 구간 단속 방식을 도입하고 있다. 구간 단속이란 일정 구간에 CCTV 두 대를 설치한 후 단속이 시작되는 지점과 끝나는 지점의 통과 시간과 속도를 기준으로 통행거리에 따른 평균 속도를 산정하여 과속 여부를 판별하는 방식이다. 일부 구간에서 운영해본 결과, 교통사고를 약 2배 이상 감소시키는 긍정적인 효과를 가져왔다. 또한 해당 구간에서 차량의 평균 속도도 크게 감소한 것으로 나타났다. 단속 구간에서 차량의 전반적인 흐름이 정상화되었다는 의미이다. 운전자에게는 이러한 방식이 해당 구간뿐만 아니라 다른 구간에서도 과속을 예방하는 학습효과가 있을 것으로 예상된다. 구간 단속 구간에서 천천히 제한속도로 가는 습관이 들면 도로 전반을 주행할 때도 그러한 기조를 유지할 가능성이 커진다고 보는 것이다. 이러한 기법은 아직 외국에서도 드문 일이어서 세계적으로 앞선 사례가 될 것으로 기대된다. 다만 아직은 설치에 드는 고가의 비용 문제를 해결해야 하는 과제가 남아있다. 효율적인 운영과 유지관리 기법에 대한 연구개발도 필요하다.

한편, 미국의 경우는 과속 단속 카메라를 설치하지 않고도 효과적으로 과속차량을 단속하여 교통사고를 줄이고 있다. 경찰 차량이 직접 주행하면서 속도 측정 장치를 활용하여 과속 차량을 단속하는 방식이다. 특히 교통사고 유발 예상 구간에 집중적으로 단속 차량을 배치하고 있다. 경찰의 오랜 경험과 과학적인 장비 덕분에 미국은 오랫동안 CCTV 없이도 과속을 적절히 단속해왔다. 그 결과 미국의 운전자들은 과속을 하면 어디선가 반드시 경찰이 나타난다는 경각심을 갖고 운전하게 되었다.

다른 교통선진국에서도 과속은 아주 철저하게 관리된다. 제한속도가 없는 독일의 아우토반에서는 고속차량과 저속차량 차선을 따로 운행하고 있다. 차량의 속도 차이로 인한 교통사고를 원천적으로 막는 효율적인 제도이다. 그러나 독일도 통행이 적은 도로는 속도 무제한 도로가 운영되지만, 도시와 주변도로에서는 과속이 경찰의 주요 단속 대상이다. 세계적으로 제한속도의 기준은 교통량과 주변 도로의 여건에 따라 탄력적으로 조정되고 있는 추세이다. 교통량이 뜸한 미국 시골 고속도로에서는 시속 140㎞로 운영되는 지역이 있는 반면, 도시 주변 지역에서는 시속 100~110㎞로 최고속도를 제한한다. 우리나라에서도 일부 도로에서는 시속 110㎞로 제한속도를 운영하고 있다. 도로의 원활한 소통을 위해 바람직한 정책이라 볼 수 있다.

앞으로 보다 효과적인 과속 단속을 위해서는 위에 언급한 구간단속과 함께 미국 등 교통선진국의 사례를 조화롭게 적용하는 방식이 필요하다. 구간 단속 방식은 도로의 기하학적인 여건, 통행량, 포장상태와 운전 목적, 통과 차량의 종류 등을 감안하여 설치해야 한다. 차량 주행의 특성 분석에 따라 지역의 제한속도를 설정하고 그에 따라 구간 단속의 실시여부를 결정해야 한다. 각 도로별 상황에 맞추어 구간 단속시스템과 기존 지점 단속 시스템을 알맞게 배분하고, 미국식 이동 경찰 차량 단속방식 등을 도입해 운영한다면 사고를 예방하는데 많은 도움이 될 것이다. 그 외에 드론이나 헬리캠 등이 동원되는 입체적인 단속을 도로에 적용하여 운전자의 과속 의지를 원천적으로 방지하는 방식도 고려해 볼 만 하다. 시골일수록 공중 단속이 효과적인 것으로 알려져 있다. 교통사고는 사후처리 보다는 사고를 미리 예방하는 데 최선의 노력을 기울이는 것이 훨씬 현명한 일이다.

배려운전 부재가 부른 교차로 스필백(Spillback)현상

우리 생활에서 교통 행위는 필수적이다. 그러나 혼잡이나 사고도 피할 수 없다. 모두가 방해받지 않는 안전하고 편안한 일상을 누리려면 교통질서와 법규가 반드시 지켜져야 한다. 지금 바로 가까운 도로에 나가보자. 불법 주차된 차량을 발견하는 데는 그리 오랜 시간이 걸리지 않는다. 그런 차량들은 보행자의 통행에 지장을 주고 정상적인 교통 흐름을 방해한다. 한 사람의 위반 행위가 다른 사람의 일상에 피해를 주는 것이다. 주차위반으로 인한 이웃 간의 심각한 갈등도 이제는 주변에서 흔히 볼 수 있는 일이 되었다. 그런 갈등과 시비로 인해 일시적으로 기분이 상하는 정도가 아니라 몸싸움이나 칼부림이 발생하기도 한다. 개인뿐 아니라 사회 전체에 큰 상처와 아픔을 주고 있는 것이다.

자동차를 운전하는 우리의 질서 의식과 관습은 고쳐야 할 점이 많다. 모든 차들은 어디론가 빨리 달려가려고만 한다. 마치 목적지라는 결승점에 도달하기 위해 미친 듯이 달려가는 레이싱 무리처럼 사람들은 수단과 방법을 가리지 않고 속도경쟁에 몰입한다. 거기에는 상대편에 대한 배려라든지 기본 법규나 질서 같은 것은 없다. 우리에게 교통위반은 이미 생활화되어 버렸다.

스필백(Spillback)현상이라는 것이 있다. 스필백은 교차로 입구에서 차량 혼잡이 일어나는 것을 말한다. 우리나라에서는 교차로 앞 막힘 현상이라고 불린다. 어려운 용어 같지만, 우리가 일상 속에서 흔히 마주치는 현상이다. 이를테면 교차로에서 녹색 신호가 황색 신호를 거쳐 빨간 신호로 바뀌었는데도 아직 차량이 교차로에 남아있는 경우가 있다. 이처럼 빨간 불인 상태에서 교차로에 차량이 지나가는 모습을 스필백 현상이라 부른다. 'Spill'이란 단어는 본래 물이나 우유 같은 액체를 바닥에 흘리거나 쏟는다는 뜻이 있다. 여기에 뒷부분을 의미하는 'Back'이란 단어가 합해진 것이다. 스필백은 물이나 우유가 흘러지듯 차가 도로에 남아버린 상태인 것이다. 차량 혼잡이 심각하거나 도로의 특별한 유고 상황이 발생했을 때는 어쩔 수 없이 스필백이 나타나게 된다.

그런데 우리 도로에서는 평상시 교통이 혼잡하지 않을 때도 스필백이 자주 발생한다. 교통선진국에서는 보기 어려운 풍경이다. 왜 우리만 그런 현상이 빈번한 것일까. 교통 법규를 준수하고 다른 차량을 배려하는 마음보다 오로지 빨리 달리려는 마음이 앞서기 때문일 것이다. '꼬리물기'라고 불리는 교차로 교통 법규 위반 행위도 자신만 먼저 빨리 가겠다는 이기적인 마음에서 비롯된다. 그로 인해 다른 방향 차들이 제 신호를 못 받거나 교통 혼잡이 유발된다. 교차로 교통사고의 위험성을 높이는 주범 중 하나이기도 하다.

아이러니하게도 그런 행위들은 우리 사회 풍조와도 맞물려 있다. 우리는 남들보다 앞서가는 것을 가장 중요한 가치로 내세우고 있다. 그런 가치관이 교통에도 반영되어 사회 전반 분위기가 안전 운전보다는 빨리 달리는 것을 조장하고 있는 것은 아닐까. 세계에서 과속을 단속하기 위해 우리처럼 수많은 과속 단속 카메라를 설치한 사례가 드물다. 그런 사실만 보아도 우리 스스로가 빠른 교통만을 추구하는 우리의 현실을 자인하고 있는 셈이다.

반대로 완전히 상반되는 운전습관도 있다. 교차로에 대기 중인 차량중 녹색 신호가 들어왔는데도 출발하지 않는 경우를 볼 수 있다. 아마도 차 안에서 전화 통화를 하거나 문자를 보내고 있었는지도 모른다. 그런 운전자들은 뒤늦게 출발하거나 뒤에서 경적을 울려줘야 움직인다. 옆 차선의 차들은 모두 순조롭게 운행이 진행되는데 그 운전자의 차선에 만 지체가 발생한다. 늦게 출발했으니 한정된 신호 시간 내에 교차로를 통과할 수 있는 차량수도 줄어들 수밖에 없다.

여기서 신호등의 원리를 한 번 알아보자. 일반적으로 신호등의 각 현시(녹색 신호, 황색 신호, 적색 신호)는 방향별 교차로 통행량, 방향별 보행량, 도로의 폭, 출발 시 손실시간 등을 면밀히 고려하여 운영하게 된다. 각 방향의 차들이 형평성에 맞게 교차로를 통과하도록 여러 단계의 과정을 거쳐 가장 적정한 신호 시간이 계산된다. 만일 출발이 너무 늦어지거나 빨간 신호인데도 주행이 계속되면 전체 신호등은 계획에서 어긋나게 된다. 또한 그와 같은 비정상적인 차량의 주행 패턴은 잦은 추돌과 충돌사고를 유발하고 교차로 용량을 줄어들게 만드는 원인이 되기도 한다. 교차로에서의 운전습관은 개인적이고 미세한 부분인 것 같지만 사실은 커다란 교통문제를 일으키는 근본적인 원인으로 작용하는 것이다.

또 다른 운전 행태를 살펴보자. 우회전 통행은 항상 교통의 주요 이슈이다. 차량 통행이 많은 교차로의 경우는 우회전 신호등을 독립적으로 설치하여 불필요한 충돌을 방지하고 안전한 우회전을 보장한다. 우회전 신호등이 없는 경우, 운전자는 여러 방향을 살핀 후 우회전을 하게 된다. 운전자들은 좌회전에 비해 상대적으로 차량과 상충할 기회가 적기 때문에 우회전 행위를 만만하게 생각한다. 그러나 우회전시 다른 차량과 충돌하지 않는다면 큰 문제가 없지만, 충돌이 발생하는 경우 논란의 소지가 있다. 원칙적으로 우회전 차량은 다른 방향의 차량에 비해 통행 우선권에서 뒤처져 있기 때문이다.

교통공학에서 RTOR(Right Turn On Red)이라는 우회전 원칙이 있다. 우회전 차량 방향 신호등이 빨간 신호여도 우회전을 허용한다는 법규이다. 우리나라에서는 이 법규에 대해 아직도 기관 간 이견이 존재한다. 교통안전이라는 대원칙 아래 모든 교차로에서 일관성 있게 적용되는 우회전 통행 원칙을 만들 필요가 있다. 우회전 통행에서 보행자와 충돌이 일어나면 어떻게 처리될까. 이 경우 보행자는 모든 통행에 대해 우선권을 가지고 있기 때문에 우회전 차량의 과실로 보게 된다. 보행자의 안전은 교차로 운영에서 가장 우선적으로 고려되어야 하는 요소이다.

그 밖에 운전자들이 일상 속에서 많이 어기는 교통법규로 정지 표지 위반을 들 수 있다. 대부분의 운전자는 정지 표지가 어디에 있는지도 모르는 경우가 많다. 그러나 간선도로를 제외하면 통행량이 많지 않은 도로의 교차로에는 반드시 정지 표지가 있다. 정지 신호를 지키지 않으면 교통사고의 근본 원인이 된다. 또한 주변 교통에 일대 혼잡을 발생시켜 교통 흐름을 해치게 된다. 일반적으로 교통법규의 기본인 정지 신호를 지키지 않는 운전자는 다른 운전 질서와 법규도 지키지 않을 확률이 높다고 본다. 그래서 교통선진국에서는 정지 표지 위반에 굉장히 큰 벌금을 부과한다. 운전면허 시험에서도 도로 주행 중 정지표지 지키기는 제일 중요한 시험 항목 중 하나이다. 실제 도로에서도 정지 표지 위반이 가장 많이 단속되고 있는 것으로 알려져 있다. 이는 여행객에게도 예외 없이 철저한 단속 대상이다. 교통선진국들은 우리에 비해 교통 법규 위반 행위가 확실히 적다. 그들은 우리와 달리 상대방 차량에 대한 배려와 양보를 우선한다. 차선 변경 시나 회전 운행 시 반드시 방향 지시등을 켜서 다른 운전자들에게 자신의 진로를 알린다. 정지 표지를 철저히 지키며 제한속도 이상 달리지 않는다. 그런데 우리는 왜 그런 규칙을 지키지 못하는 걸까. 그들과 우리는 무엇이 다른 것일까.

가장 눈에 띄는 차이점은 교통 관련 당국의 의지이다. 우리 교통 당국은 교통이 우리 일상과 사회에 얼마나 큰 영향력이 있는지, 교통문제가 얼마나 큰 피해를 주고 있는지에 대해 정확하게 인지하지 못하고 있는 듯하다. 교통질서와 법규 위반으로 인한 교통 혼잡과 교통사고는 인명과 재산상의 큰 피해를 준다. 물류와 통행에 지장을 주어 사회 전반에 치명적인 손해를 입히기도 한다. 그런 사실을 누구보다 확실히 인지하고 그에 걸맞은 강력한 위반 방지 정책을 집행해야 함에도 정작 교통 당국은 느슨하게 손을 놓고 있는 실정이다. 교통위반 행위를 억제하기 위해서는 효율적인 교통단속이 꼭 필요하다. 단속은 속도 단속 카메라를 설치하고 아무 때나 시행하면 되는 일과성 집행이어서는 안 된다. 위반이 일어나기 쉬운 지점이나 구역, 많이 발생하는 시간대를 찾아 상시 대기하며 꾸준한 단속이 이루어져야 한다. 또한 위반의 종류에 따라 단속의 규모와 방법도 다양하게 시행되어야 한다. 지역마다 다른 주요 위반 행태를 조사하여 그에 대비한 맞춤형 단속도 절실히 요구된다.

필자의 경험상 교통위반이 많은 지역에는 단속 장비나 인력이 부족하여 교통사고가 빈번하게 일어나고 있다. 그에 반해 차량 혼잡이 극심한 곳에만 장비와 인력이 몰려있다. 교통 혼잡이 심하면 대형 교통사고를 유발하는 난폭 운전이나 음주운전이 불가능하기 때문에 소규모 인력으로도 충분히 제어가 가능하다. 단속 장비와 인력의 효율적인 배분을 통해 단속의 사각지대를 없애는 게 보다 중요하다. 운전자가 어디서든 위반을 하면 반드시 단속된다는 생각이 들도록 광범위한 단속과 철두철미한 단속의 질을 확보해야 한다. 그러한 전 방위적 단속을 위해서는 단속 방식에 대한 심층적인 연구개발과 철저한 분석이 요구된다. 단속 정책 집행 매뉴얼을 관리 유지하며 현실의 교통 여건도 반영해야 한다. 또한 난폭운전에 대한 단속 기준을 강화하여 시행하는 것은 안전한 도로 운영에 많은 도움을 줄 것이다. 철저한 단속과 단속 매뉴얼의 개선 외에도 교통위반을 좀 더 확실히 줄이기 위해서는 벌금의 규모를 대폭 높여야 한다. 현재의 벌금 수준으로는 운전자의 위반 의지를 없애기에 역부족이다. 도대체 왜 가벼운 벌금 정책을 계속 유지하는 것일까. 교통정책 입안자들은 벌금의 불합리성을 정녕 모르고 있는 것일까. 이제는 더 이상 변명이나 핑계로 일관해서는 안 된다. 교통선진국의 성공 사례를 검토하여 벌금 규모를 적절히 조정해야 한다.

또한 장기적으로는 교통 관련 교육만이 위반을 궁극적으로 막는 유일한 대안일 것이다. 교통 행위 중 구체적으로 어떤 상황이 위반인지 제대로 아는 것부터 교육해야 한다. 다소 시간이 걸리더라도 학교나 직장 등에서 교통 위반 의지를 억제하는 다양하고 적극적인 교육이 이루어져야 할 것이다. 이제는 불법이 만연된 교통사회를 벗어나야만 한다. 첨단 기술과 문화예술 발전 등, 우리 사회의 다른 많은 분야는 선진국 수준을 웃돌고 있다. 그런데 유독 교통 분야만 여전히 후진국 행태를 띠고 있다. 참으로 부끄럽고 이해하기 힘든 일이다.

교통문화는 국격 가늠의 척도

문화란 무엇일까. 문화는 "자연 상태에서 벗어나 삶을 풍요롭고 편리하며 아름답게 만들어 가고자 사회 구성원에 의해 습득, 공유, 전달되는 행동 양식"이라고 정의된다. 한 나라의 격은 문화의 수준과 관계가 있다. 국격은 문화 수준이 높으면 그와 비례해서 높아진다. 아무리 경제적으로 부유해도 문화의 수준이 낮으면 그 나라는 멸시와 천대를 받게 된다. 반대로 경제적으로 다소 열악해도 문화가 번성해 있다면 다른 나라의 존경을 받게 되며 함부로 대할 수 없는 품격을 지니게 된다.

의식주(衣食住)는 인간이 살아가기 위한 기본 요소이다. 정치, 경제, 사회 활동 등 인간의 모든 행동은 의식주 행위를 기초로 해서 이루어졌다. 문화 역시 그 틀 위에 존재하고 의식주 행위 속에 깃든 하나의 양식으로 표현된다. 의식주라는 기본 요소들을 얻기 위해 필요한 '움직이는 행위', 또는 '이동'은 '행(行)'이라는 단어로 표현할 수 있을 것이다. 행은 오늘날로 말하면 교통의 의미와 같다. 최근 교통이 사람들의 일상에 깊이 파고들면서 이제는 행도 의식주만큼 기본적인 요소로 자리하게 되었다. 현대의 삶에서 인간의 모든 행동은 의식주행을 전제로 행해지고 있다고 해도 과언이 아니다. 의식주라는 요소가 그런 것처럼 행, 즉 교통 속에는 한 나라의 문화 양식이 그대로 배어있다.

본래 문화라는 것은 우열을 가릴 수 있는 개념은 아니다. '서로 다르다'는 것을 인정하고 존중해 주는 것이 다양한 문화를 대하는 합리적 자세일 것이다. 한 나라에서 오래전부터 고유 양식이 되어온 의식주 문화를 어떤 한 가지 잣대로 평가할 수는 없다. 그러나 교통문화의 경우는 다르다. 교통은 도로 위에서는 교통법규와 질서를 잘 지켜야 한다는 암묵적 동의와 합의 하에 이루어지는 행위이다. 전 세계가 자전거나 자동차, 기차, 항공 등 동일한 교통수단을 사용하고 있다. 모든 나라가 같은 개념, 같은 수단을 공유하는 초지역적 문화라고 할 수 있는 것이다. 그런 이유로 교통문화는 나라별 비교가 가능하다. 그 나라의 기술 발전이 집약된 교통수단을 얼마나 잘 만들어내는지, 어떻게 효율적으로 운용하는지, 국민이 교통법규와 질서를 얼마만큼 잘 지키는지 평가할 수 있다. 현대 사회에서 교통문화는 한 나라의 기술 수준과 운용 능력, 의식 수준을 가늠하는 중요한 평가 척도라고 할 수 있다. 그런 의미에서 온 나라의 모든 구성원이 교통문화를 아름답게 가꾸고 유지하며 지켜나가는 것은 그 사회의 기본 의무이자 책임일 것이다.

그렇다면 우리의 교통문화는 지금 어떤 수준에 와 있을까. 필자는 우리나라에서 운전하기가 점점 싫어진다. 아마 많은 분들이 공감할 것이다. 우리나라는 다른 교통선진국에 비해 교통사고의 위험성이 상대적으로 높고 교통 혼잡 발생이 지나치게 잦다. 한 마디로 도로 위에 나가 운전하는 것이 두렵다. 필자처럼 30

년 이상 운전 경력이 있는 경우에도 그런 식이라면 초보운전자는 말할 것도 없을 것이다. 무질서한 도로와 주변 상황도 운전을 부담스럽게 만드는 또 다른 요인이다. 길을 걸을 때도 불편하긴 마찬가지이다. 외국인들이 우리나라에 와서 가장 적응하지 못하는 것 중 하나가 길을 걸을 때 어깨를 부딪는 일이다. 다른 사람에 대한 배려와 예의가 실종된 행동이다. 운전 행태는 한층 더 거칠다. 차를 몰고 집을 나서자마자 차들의 비상식적인 운전습관과 행동 때문에 마음을 졸여야 한다. 한 사람의 잘못된 운전 습관은 다른 사람들에게도 전염되는 특성이 있다. 도로 위에서는 모두가 질서 의식을 잃는다. 교통질서와 법규를 제대로 지키면 이상한 사람 취급을 받기도 한다. 경찰의 단속이나 CCTV에 걸리지만 않으면 어떤 위반도 불사하는 비정상적인 사회인 것이다. 우리의 교통문화는 지금 겨우 이 수준이다.

교통사고가 발생하지 않더라도 도로와 주변 곳곳에서 운전자 간 불필요한 언쟁과 시비는 흔하게 볼 수 있다. 왜 평소에 얌전한 사람도 운전대만 잡으면 돌변하는 것일까. 왜 우리는 이렇게 제멋대로 걷고 운전하며 서로에게 상처를 주고받는 것일까. 이처럼 수준 낮은 교통문화는 우리 사회의 감추고 싶은 불편한 진실이다. 도대체 무엇이 우리의 교통문화 수준을 이토록 형편없게 만드는 것일까. 이성을 되찾고 우리 자신을 되돌아보자. 올바른 교통문화를 확립하는 것은 우리 사회의 의식과 양식의 틀을 세우는 일이고 문화 수준을 높이는 일이다. 그로써 국가의 격을 되찾는 일이다. 그러기 위해서는 무엇이 원인인지, 어떤 해결책을 강구해야 하는지 좀 더 냉정하게 살펴볼 필요가 있다. 우리의 교통문화를 후진적으로 만드는 몇 가지 근본적인 원인이 있다.

우선 첫 번째는 교통시설물의 부족이다. 우리의 도로, 철도, 공항, 선박 시설의 용량은 자동차 증가율과 통행량 보다 여전히 부족하다. 교통 수요보다 공급이 모자라면 교통문화가 정상적일 수가 없다. 그것은 비단 우리나라에만 해당되는 것은 아니다. 어디서든 그런 상태에서는 문제가 발생하기 마련이다. 필자가 외국 생활을 통해 얻은 경험에 의하면, 교통시설물이 부족하여 교통 혼잡이 극심한 지역에서는 모두 교통질서와 법규를 어기곤 했다. 통행의 특성을 면밀히 파악한 후 교통시설을 수요에 맞춰 확충하고 조정해야 한다.

두 번째는 시설물 운영 미숙이다. 신호체계의 운영, 대중교통 운영, 교통 체계의 관리 측면에서 우리는 아직 효율성과 합리성이 부족하다. 원활하고 효과적인 시설물 운영을 위해서는 공무원, 교통전문가, 시민단체 등의 긴밀한 협조 체계가 필수적이다. 성공적인 운영 체계는 하루아침에 만들어지지 않는다. 제대로 된 기틀을 만들고 그것을 실천하기 위한 꾸준한 노력이 필요하다. 사람에 의존하는 방식이 아닌 시스템 중심으로 운영방식을 바꾸어야 한다. 교통 전문가 그룹을 중심으로 한 협력 체제의 작동은 운영의 시행착오를 줄이고 효율성을 향상시키는 시발점이 될 것이다.

세 번째는 이용자에게 있다. 교통사고와 혼잡은 운전자의 무리한 욕심과 이기심에 의해 생겨나는 경우가 많다. 의식주 문화가 다른 사람에 대한 이해와 배려를 바탕으로 한 협동에 의해 이루어져 왔듯 교통 행위도 타인과의 공존 개념이 필요하다. 도로 위의 다른 교통 이용자를 먼저 배려하고 서로 양보한다면 지금과 같은 교통 무질서와 혼잡은 발생하지 않을 것이다. 이용자 모두가 정상적이고 상식적으로 교통을 대하는 자세를 갖는다면 얼마든지 교통문화를 바로잡을 수 있다.

다른 나라의 교통문화 수준은 어떨까. 보편적으로 교통선진국일수록 교통질서와 문화가 안정되어 있다. 그 나라에서 걷고 운전을 해보면 우리 교통문화와 어떻게 다른지 쉽게 느낄 수 있다. 그들 나라에서는 별 어려움 없이 도시의 교통 흐름에 바로 적응할 수 있었다. 반면 우리나라에서는 매일 운전을 해도 항상 어렵고 힘들게 느껴진다. 그들과 우리의 차이점은 교통 행위와 타인과 사회에 대한 배려와 예의이다. 그들에게는 있고 우리에게는 없는 것이다. 그런 작지만, 결정적인 차이가 우리 사회의 교통문화 수준을 낮추고 국격을 떨어뜨리고 있다. 그렇다고 해서 그러한 격차가 결코 따라잡지 못할 것은 아니다. 지금이라도 첫 단추가 잘못 끼워진 우리의 교통 습관을 바로잡는다면 얼마든지 교통문화의 수준을 높이고 국격을 향상시킬 수 있다.

교통질서를 잘 지키려면 어떻게 해야 할까. 거듭 강조하지만 우선 가장 근본적이고 장기적인 해결책은 교육이다. 학교 교육을 통해 왜 교통법규와 질서를 잘 지켜야 하는지 철저하게 인지시키는 게 가장 중요하다. 교통문화가 우리 사회에서 어떤 역할을 하고 얼마나 중요한 개념인지에 대해 정확하고 명료하게, 그리고 지속적으로 알려주어야 한다. 학교뿐 아니라 운전면허 습득 과정에서 남을 배려하고 올바른 운전습관을 몸에 익히는 것도 바람직한 교육의 일환이다.

보다 단기적인 교통문화 향상 방법은 법규와 질서 위반에 대한 단속을 강화하는 것이다. 단속의 근본적인 취지는 위반자가 차후 다시 위반하지 않도록 마음먹게 하는 것이다. 그런 고유의 취지에 맞게 누구를 막론하고 원칙에 입각한 철저한 단속이 이루어져야 한다. 벌금 규모를 크게 올리는 것도 좋은 방법이다. 마치 청문회에서 후보자의 과거 법률 위반 사실을 따지듯, 취업 등 사회활동 시 교통질서 위반자에 대한 감점을 고려하는 것도 지속적인 효과를 보기 위한 강력한 대책이 될 수 있다. 운전면허 관련 교육의 방향을 주로 교통문화에 초점을 두는 것도 바람직하다. 교통 선진국들은 그런 식의 철저한 교육과 강력한 단속을 통해 교통질서를 지켜오고 있다. 우리의 교통 문화도 그와 같은 단호한 원칙 수호와 꾸준한 실행을 통해 그 수준을 높일 수 있을 것이다. 그동안 우리는 교통 분야에서 남다른 우여곡절을 겪어 왔다. 어쩌면 그런 과정을 통해 교통문화가 성숙할 수 있는 분위기를 만들어 온 것인지도 모른다. 교통문화의 정상화는 국가의 격을 높이는 지름길이라는 사실을 명심하고 전 사회적인 노력을 기울여야 한다.

우리가 배워야 할 선진국의 교통문화

① 미국

미국의 자동차 문화는 어떨까. 미국의 자동차 대수는 2017년 기준으로 2억 7천만대를 웃돈다. 약 3.26억 명인 미국 인구와 거의 맞먹는 숫자이다. 그야말로 자동차 왕국이라고 할 만하다. 미국에서 자동차가 주도적인 이동수단의 역할을 한 것은 세계 2차 대전이 끝난 1950년대부터이다. 이후 지금까지도 사람들의 이동은 대부분 자동차에 의존하고 있다. 일상생활에서 자동차를 떼어놓는다는 것은 상상할 수 없다. 오죽하면 미국 사람은 자동차와 결혼했다는 말이 나올 정도이겠는가. 집과 직장이 일반적으로 멀리 떨어져 있고 쇼핑을 하려 해도 멀리 차를 타고 나가야 하며 상대적으로 대중교통 시설이 열악하기 때문에 자동차 의존도가 높을 수밖에 없다. 미국인에게 자동차는 기호품의 차원을 넘어 생활필수품이다.

미국에서 자동차를 운전해보면 미국인들은 타인과 다른 차량에 대한 배려가 깊다는 사실을 쉽게 느낄 수 있다. 우선 그들은 도로와 교통시설물을 이용할 때 교통질서와 법규를 잘 지켜 차량의 전체 흐름을 방해하지 않는다. 다른 차량에 대한 양보도 몸에 배어있다. 교차로에서는 교통신호와 교통표지들을 규정대로 지키며 운전한다. 차선을 급하게 변경하는 일도 거의 없으며 웬만해서는 경적도 울리지 않는다. 미국에서 스쿨버스는 도로의 왕자로 군림하고 있다. 스쿨버스가 정차하고 아이들이 승하차를 하는 경우, 주변의 모든 차량은 꼼짝 않고 그 자리에 서 있는다. 학교 주변 도로는 등하교 시간마다 제한속도가 절반 이상으로 줄기 때문에 모든 차량이 거북이 운행을 해야 한다. 그 누구도 이러한 현상에 불쾌감을 나타내지 않는다. 주어진 상황을 있는 그대로 받아들일 뿐. 우리보다 교통법규나 질서 위반에 대한 단속이 훨씬 엄격하기도 하지만 무엇보다 그들에게는 서로에 대한 양보와 배려, 준법정신이라는 성숙한 교통문화가 배어있다. 우리 도로와는 확연히 다른 풍경이다.

미국에서 출퇴근 시간대에 TV 뉴스를 보게 되면 주요 뉴스 방송 후 날씨정보와 함께 교통정보가 반복적으로 방송된다. 실시간 날씨와 시시각각 변하는 주변 도로의 교통상황을 전체 뉴스 시간 동안 수차례에 걸쳐 생중계하는 것이다. 우리와 달리 일상생활 속에서 교통을 날씨와 동일하게 취급하고 있다. 게다가 특별한 경우를 제외하고는 해당 지역 교통 상황만을 집중적으로 보여준다는 점이 특징적이다. 교통정보 전달이 상당히 적확하고 효율적으로 이루어지고 있는 것이다.

미국의 교통이 우리와 두드러지게 다른 부분은 도로상에 교통정보시설이 그리 많지 않다는 것이다. 미국은 분명 부자나라임에도 불구하고 교통 카메라는 물론 교통 데이터를 수집하는 첨단 교통 정보 관련 시설이 생각보다 적다. 고속도로는 특정 지점까지 예상 도착시간 정보를 제공하기도 하지만 일반 도로에서는 교통 정보 제공이 별로 없다. 그 이유는 국토의 면적이 워낙 넓어 정확한 교통정보 제공이 현실적으로 어렵기 때문이다. 실시간 차량 이동 데이터에 근거하여 교통정보를 제공한다 해도 실제로 차량이 해당 지역에 도착했을 때 예기치 못한 교통상황이 발생될 수 있다. 그렇게 되면 미리 제공된 정보는 그 정확성과 신뢰성에 타격을 입게 된다. 그들은 많은 예산과 노력이 필요한 교통정보가 운전에 도움을 주는 데는 한계가 있다고 보는 입장이다. 따라서 도로에 실시간 교통 정보 제공을 위한 시설물 설치를 가능한 자제한다. 교통정보의 취득과 생산, 제공을 위해 지나치게 많은 예산을 투자하는 것을 지양하는 정책 방향이다.

그 대신 기존 시간대의 교통정보 자료를 분석하고 일부 실시간 정보를 조합하여 간략하게 압축된 교통정보만을 제공한다. 또한 일반 교통서비스 개선과 시설물 확충에 예산의 대부분을 투자하여 교통 안전성을 높이는 데 집중하고 있다. 교통정보의 필요성은 우회도로 정보 제공을 통해 차량을 분산시켜 전반적 교통 혼잡을 줄이자는 것에 있다. 혼잡이 극심한 일부 대도시 도심구간에서는 교통정보 운영과 관리가 절대적이다. 그러나 그 외 대도시 외곽이나 중소도시 등에서는 많은 예산이 드는 교통정보의 제공과 관리가 불필요할 수 있다. 어쨌건 그들의 교통 관리 행태는 우리와는 매우 다르다.

미국에서도 자동차가 대중화되기 시작한 초기에는 별다른 교통 문제가 없었다. 1970년대에 들어서자 차량이 증가하고 도시 규모가 급격하게 커지면서 교통사고가 빈번해지기 시작했다. 고속도로에 속도제한이 생기게 된 것도 바로 그때부터이다. 속도제한이 철저히 지켜진다고 해도 여전히 과속으로 인한 교통사고와 혼잡이 빈번하다는 사실 또한 미국 교통의 현실이다. 차량 성능과 기술이 발달하고 도로의 수준이 개선되면서 운전자의 과속 운전도 늘고 있다. 경찰 단속이 강화되고 있지만, 과속차량을 단속하기에는 역부족이다. 도로상 무인 단속카메라를 운영하지 않는 것도 과속 단속이 미흡한 한 원인으로 볼 수 있다. 카메라 단속은 개인정보 보호 차원에서 불법으로 여겨지고 있지만, 증가세인 과속 차량 단속을 위해 조만간 CCTV의 설치 운영이 필요할 것 같다.

그런데도 미국의 도로 운영 환경은 오랫동안 변함없이 같은 제도와 방식을 고수하고 있어 어느 도시를 가도 운전하는 데는 어려움이 없다. 교통표지판, 교통신호등, 교통법규, 도로 시설물의 설치 위치가 거의 동일하여 여러 주에 걸친 여행이라 하더라도 동네 운전하듯 편안하게 느껴진다. 미국인의 일상에서 자동차는 이동을 위한 필수적 수단이다. 청소년이든 노년층이든 가족 모두가 각각 자동차를 한 대씩 보유하는 일이 당연한 일로 여겨진다. 아마 앞으로도 줄곧 자동차는 미국인에게 가장 사랑받는 교통수단으로 남아있을 것이다.

항공과 공유교통서비스(우버와 리프트 등)가 석권한 미국의 대중교통

미국에서 비행기는 주요 대중교통 수단이다. 각 주가 나라와 나라 사이만큼이나 넓어 자동차로는 너무 시간이 걸리기 때문이다. 그들에게 비행기는 우리의 시외버스나 기차와 비슷한 수준이다. 미국의 공항에서는 국내선이 국제선보다 훨씬 수속이 복잡하고 시간이 오래걸린다. 비행기 연발착과 취소는 일상적인 일이다. 그들은 지역적으로 발생하는 악천후로 운항이 취소되어도 대수롭지 않게 받아들인다. 그러나 이용객이 많으니 안전에 있어서는 예민할 만큼 철저하다. 공항 인근 지역에 바람이 한계 기준보다 심할 경우, 해당 공항에 이착륙이 금지되기도 한다.

한 가지 놀라운 것은 그많은 비행기 좌석이 언제나 만석에 근접한다는 점이다. 그만큼 승객 수요 예측이 정확한 것이다. 우리나라 시외버스가 평소 승객이 거의 없는 상태에서 운행될 때가 많은 것과는 대조적이다. 요즘은 항공사 간 승객 유치경쟁이 심해짐에 따라 저가 항공사의 경우 탑승요금이 더욱 저렴해지고 있다. 그런 제반 사항으로 미루어 앞으로도 항공은 미국 국민의 대표적인 대중교통 수단으로서의 역할을 다할 것으로 예상된다.

그에 비해 미국에는 기차가 거의 운행되고 있지 않다. 이는 고속열차가 성공적으로 운행 중인 전 세계적 추세에 역행하는 미국만의 독특한 현상이다. 현재 프랑스, 독일, 일본뿐 아니라 중국에서도 고속철도로 도시 간 통행 시간을 크게 줄임으로써 철도의 르네상스 시대를 만들어가고 있다. 우리나라도 비행기보다 고속열차의 역할이 점점 커지고 있다. 그런데도 미국에서는 운행되고 있는 열차 노선도 그리 다양하지 않고 새로운 기차 노선의 개발도 준비하고 있지 않은듯 하다. 미국에서는 항공이 열차보다 시간과 비용 면에서 월등한 우위를 보이는 게 사실이다. 하지만 도시 간 거리가 멀지 않은 경우에는 열차 통행이 좀 더 많은 이점이 있다. 비행기는 공항과 공항 사이의 운항 시간이 기차보다 적게 걸리지만, 이용자의 출발지나 도착지에서 공항으로 이동하는 거리는 별도의 시간과 비용이 든다.

예를 들어 미국 서부의 로스앤젤레스와 샌프란시스코 사이의 통행을 살펴보자. 두 도시 공항 사이의 비행기 운항 시간은 1시간 남짓 걸린다. 그러나 출발지에서 공항까지 가는데는 2시간 이상이 소요되기도 한다. 공항의 수속 시간까지 합치면 두 도시 간 총 통행시간은 5시간을 훌쩍 넘긴다. 자동차의 경우도 두 도시 사이를 운전하는 데 약 6~7시간 정도가 걸린다. 반면 고속철도로는 2시간 정도면 충분하다. 기차는 도심까지 접근한다는 이점이 있어 다른 교통수단으로 환승하고 목적지까지 가기 위해 큰 어려움이 없다. 현재 두 도시 사이에는 고속철도 건설이 진행 중이다. 계획대로 공사가 완공된다면 기존 항공을 이용하던 승객 중 적지 않은 사람들이 고속열차를 이용할 것으로 예상된다. 또한 미국 동부 지역의 도시들 사이에서도 고속철도는 대중교통으로서 매우 매력적인 수단이 될 것이다. 그에 따라 기존 항공사들은 재정적으로 큰 타격을 입을 수도 있다. 아마도 그런 이유로 그동안 항공사의 보이지 않는 반대와 방해가 고속철도의 건설과 운영을 지연시켰을지도 모를 일이다. 그러니 새로운 교통시설이나 서비스가 시작되는 것은 미국에서도 쉽지 않은 일인 것이다. 어쨌건 오래 지나지 않아 미국에서도 열차가 주요 도시 사이에서 활발하게 운행되는 모습을 볼 수 있을 것 같다.

미국의 지하철은 우리 지하철보다 이용이 더 편리할까. 미국은 많은 부문에서 우리보다 앞서지만, 지하철만큼은 우리가 여러 면에서 훨씬 우수하다. 두 나라의 가장 큰 차이는 노선의 다양성에 있다. 우리나라의 경우, 도시계획과 교통계획이 조화롭게 추진되어, 지하철 노선 구조가 증가하는 교통 수요를 적절하게 수용하고 있다. 반면 오래전에 건설된 미국의 지하철은 노선도 단조롭고 시설물도 열악해 이용객이 점점 줄고 있는 형편이다. 그나마 뉴욕을 제외한 나머지 도시는 일부 지역에만 지하철 노선이 운영되고 있어서 지하철 승객의 이용 실적이 저조하다. 게다가 안전과 청결 문제에서는 우리나라와는 비교가 되지 않는다. 지하철 요금 징수 체계 자체도 아직 토큰을 주로 이용하며 출입구조가 불편하여 편의성이 크게 떨어진다. 미국의 지하철은 철도와 마찬가지로 대중교통의 역할이 미미하다고 평가할 수 있다.

한편, 유럽과 일본, 우리나라에서도 쉽게 볼 수 있는 경전철이 미국에서는 찾아보기 어렵다. 대부분의 교통 체계가 자동차 중심으로 되어 있어 운행되던 경전철도 없어지고 새로운 경전철의 도입은 논의조차 되고 있지 않다. 아마도 자동차를 타던 사람들을 경전철 승객으로 전환하여 유치하는 일이 현실적으로 불가능하다는 정책적 판단이 있었을 것이다. 대신 급행버스 서비스를 제공하려고 했지만, 승객이 점차 감소하는 추세를 보였다. 최근 장거리 시외버스가 활발한 운행을 시작했지만 지속적으로 승객을 유치하기에는 서비스의 질과 운행시간 면에서 어려움이 있을 것으로 보인다. 버스와 경전철이 각광받지 못하는 가장 큰 이유는 역시 자동차를 선호하는 국민의 성향 때문이다.

도시 내에서는 최근 우버(Uber)와 리프트(Lyft) 같은 공유교통서비스가 대중교통으로서 큰 역할을 하고 있다. 공유교통서비스는 일반 자가용 운전자도 일정 자격 요건만 갖추면 자신의 차를 이용해 영업행위를 할 수 있는 것이 특징이다. 그런 장점으로 승객이 어느 지역에서든 콜 한 후 불과 5분 이내면 택시를 탈 수 있게 되었다. 요금도 기존 택시보다 크게 저렴하여 이용객이 점점 늘고 있다. 편리하고 저렴한 완전 콜 방식의 공유 택시는 이제 미국 대중교통을 석권해가고 있다. 우리나라에서 버스나 지하철이 대중의 발 노릇을 하듯 미국에서는 공유 택시가 대중교통의 중추 역할을 하게 된 것이다. 우리와는 참 다른 대중교통의 풍경이다.

② 일본

일본의 교통문화는 교통 매너에서 출발했다. 대도시에 인구가 밀집되어 있어 출퇴근 시간이면 지하철이 늘 수많은 사람로 붐빈다. 하지만 도로의 차들은 그리 혼잡하지 않다. 보행도 우리보다 안전하다는 생각이 든다. 사고에 대한 불안감이 생기지 않는다. 실제로 일본의 교통 통계를 보면 교통사고 발생률이나 치사율이 우리나라보다 월등히 낮다. 교통 혼잡도 도시 중심부를 제외하면 그리 심각하지 않다. 우리와 비슷한 여건에 있으면서도 그들은 왜 다른 결과를 보이는 걸까.

그들과 우리 사이에는 명백한 차이점이 있다. 우리에 비해 그들은 확실히 교통질서와 법규를 잘 지킨다. 교통질서와 법규를 준수하는 것이 왜 중요한지 상기해보자. 도시에서 교통 혼잡과 교통사고는 피할 수 없는 일일 것이다. 그러나 많은 사람이 교통법규를 위반한다면 그런 상황이 훨씬 가중된다. 교통 신호등의 경우를 예로 들어보면, 차량 통행이 별로 없다면 신호등은 특별히 필요가 없다. 운전자들 간의 손짓과 교감만으로도 충돌 없이 교차로를 통과할 수 있을 것이다. 좀 더 차량이 많아진다면 간단한 양보나 일단정지 표지를 이용하여 교차로 통행이 가능할 것이다.

그러나 그보다 더 차량이 많아진다면 이번엔 교차로에서 차량이 순차적으로 통과하는 원칙이 필요해진다. 그리고 그 원칙에 의거한 신호등을 만들어야 한다. 신호등을 통해 각 방향 차량들에게 통과하는 시점과 정지하는 시점을 알려주기 위해서이다. 만약 신호등 통행 원칙을 지키지 않으면 어떻게 될까. 서로 먼저 가려던 차량 사이에 충돌이 발생한다. 교통질서와 법규는 그 같은 혼잡과 사고를 막기 위해 만들어진 통행 원칙이다. 이 원칙을 지키지 않으면 거리는 온통 혼잡과 사고로 뒤덮일 것이다. 일본은 그러한 원칙을 철저히 지키니 교통 혼잡과 사고가 우리보다 덜할 수밖에 없다. 자연히 교통여건도 안전하고 편안하다.

교통에 관한 용어의 차이에서도 규칙 준수 인식을 엿볼 수 있다. 우리는 교통질서와 법규를 잘 지키는 성숙한 교통 의식과 행태를 지칭할 때 '교통문화'라는 용어를 사용한다. 그에 비해 일본은 그것을 '교통 매너'라고 한다. 둘 사이에는 어떤 차이가 있을까. 필자는 이것을 나무와 숲의 차이와 비슷하다고 생각한다. 어떤 현상이나 상황을 보는 시각에서 차이가 나는 것이다. 교통문화처럼 전체적인 틀의 차원에서 생각하는 것은 마치 숲을 보는 것과 같다. 도시 전체의 교통 흐름이 주요 관심사라는 이야기이다. 그러나 교통 매너란 숲을 이루는 하나하나의 나무에 집중하는 것과 같은 용어이다. 운전자, 보행자 등 개개인의 행위에 더 큰 관심이 있는 시각이다.

두 관점 중 어느 것이 더욱 타당하고 현명하다고 판단할 수는 없다. 다만 교통문화라는 용어는 교통을 '문화'라는 거대한 범주로 만들어 그 자체가 다가가기엔 너무 추상적이고 거대하며 버거운 일인 것처럼 여겨질 수 있다. 반면에 교통 매너는 훨씬 실천하기 쉽고 비교적 현실적인 개념이다. 개개인이 나름대로 교통질서와 법규를 지키면 그것으로 목표가 달성된다. 나무 한 그루 한 그루가 실하게 자라면 장대한 숲이 이루어진다. 교통 참여자 개개인이 교통 매너가 좋으면 바람직한 교통문화가 저절로 형성된다. 현재의 일본은 질서를 지키고 법규를 지키는 교통문화가 잘 형성되어 있다. 그로 인해 전체 교통 상황이 편안하고 안전하다. 그것은 교통 매너의 착실한 실천에서 비롯된 것이다. 어쩌면 우리도 막연한 이상을 좇기보다는 우선 나부터 작은 교통 매너를 하나씩 실천해 나가는 게 옳은 일인지도 모르겠다.

주차문제만 해도 그렇다. 일본은 어느 지역에 가더라도 도로에 불법으로 주차되어 있는 차량을 찾아보기 힘들다. 필자는 일본의 불법 주차 차량에 대한 실태를 파악하기 위해 도쿄 외곽 지역으로 나가 찾아본 적이 있다. 하지만 불법 주차 차량을 한 대도 발견할 수 없었다. 우리나라의 주차 현실과 비교하면 참으로 부러운 일이다. 일본에서 불법 주차 차량이 사라진 것은 집안에 차를 세워두는 차고지 증명제가 오랜 시행착오 끝에 정착한 덕이다. 더불어 도시 곳곳에 충분하게 세워진 민영과 공영 주차시설도 한 요인이다. 일본의 전문가들은 지금과 같은 우수한 주차 문화를 만들기 위해 오랜 시간 꾸준한 노력이 필요했다고 말한다. 그와 함께 철저한 주차 단속과 교육도 시행되어 왔다. 불법 주차 차량의 근절을 통해 일본은 차량 사이의 불필요한 충돌을 막고 원활한 도로 소통을 이루었다. 그 결과 OECD 최상의 안전하고 혼잡하지 않은 교통 상황을 만들어낸 것이다.

일본의 대중교통은?

일본의 지하철은 우리나라와 더불어 세계 최고 수준이다. 승객수도 전 세계적으로 가장 많다고 알려져 있다. 도쿄 지하철의 경우, 전체 도시 통행자의 약 70%가 이용할 정도로 압도적인 대중 교통수단이라고 볼 수 있다. 지하철망이 시내 전 지역에 고루 연결되어 모든 시민이 이용하기에 편리하며 환승도 원활하게 이루어지는 시스템으로 구성되어 있다. 도시 지하철과 도시 간 열차의 연결이 순조롭기 때문에 승객들이 지역 간 열차를 타고 도시에 진입한 후, 다시 지하철로 환승하여 목적지까지 도달하기 편리한 구조이다. 지역 간 철도나 고속철도의 도심 주요 지점의 접근성이 뛰어나다는 점은 일본 지하철의 최대의 장점이다.

일본의 철도는 철저하게 승객 이용 패턴을 중심으로 노선 스케줄을 만든다. 예를 들어 수요가 아주 많은 구간은 급행열차를 운영하여 노선을 탄력적으로 운영하는 식이다. 비록 철도 이용 요금이 우리나라에 비하면 상당히 비싼 편이지만, 일본의 다른 물가 수준과 견주어보면 그리 비싸다고는 할 수 없다. 개인 승용차와 비교해도 마찬가지다. 그러나 한동안 활발하게 운영되던 경전철 노선은 승객 부족으로 노선이 폐쇄된 곳이 적지 않다. 철도의 원활한 연계를 위한 교통수단의 선택은 더욱 신중해야 한다는 것을 알 수 있다.

그렇다면 일본의 버스 상황은 어떨까. 약 2~30년 전

일본의 버스는 도착 정보 제공 등 편의성이 뛰어나 많은 승객이 이용했다. 하지만 지금은 지하철 연계 승객을 실어나르는 역할에 그치고 있다. 버스의 운영 주체에도 변화가 생겨 지하철 회사와 통합적으로 운영되고 있다. 우리의 버스 시설과 운영이 첨단 전자 통신기술과 접목되어 지속적으로 발전하고 있는 것과는 반대인 셈이다. 그런 차이가 나타나게 된 것은 그동안 두 나라가 각각 다른 분야에 집중적으로 투자해왔기 때문이라고 볼 수 있다. 일본은 주로 지하철 발전에 공을 들여왔고 우리는 버스와 지하철 모두에 역점을 두어왔다. 그 결과 일본은 지하철이 주요 대중교통으로 바뀌었고, 우리나라는 버스와 지하철 모두 시민의 발 노릇을 해내고 있다.

일본의 철도역에 가면 가장 눈에 띄는 풍경 중 하나가 자전거 주차장이다. 철도 역사 주변에 큰 주차 공간을 마련하고 자전거 주차용으로 쓰는 모습은 우리로서는 보기 힘든 진풍경이다. 적지 않은 일본사람들이 기차에서 내리면 주차장에 정차해 두었던 자전거로 갈아타고 집으로 돌아간다. 자전거가 환승 교통수단으로 유용하게 이용되는 것이다. 우리가 보행 혹은 마을버스를 주로 이용하는 것과는 대조적이다. 철도와 연계된 자전거의 활용은 철도의 효용성을 더욱 높이는 계기로 작용했다. 본래 도시에서 교통수단 간의 환승은 대중교통의 역할을 더욱 크게 만들어준다. 또한 개인 차량의 통행을 자제하게 만드는 긍정적 결과를 가져오기도 한다. 그런 차원에서 일본의 철도와 자전거의 연계 환승은 상당히 바람직한 도시 교통의 모델이라고 할 수 있다. 일본의 여러 도시에서 자전거는 레저용보다는 출퇴근, 등교, 쇼핑 등 다양하게 활용되고 있다.

일본 철도의 역사 주변에는 상가가 집중적으로 개발되어있다. 이와 같은 대중교통 중심(Transit Oriented Development)의 개발은 대중교통의 이용을 촉진하고 역사 주변 지역의 상권을 발달시키는 역할을 했다. 도쿄의 주요 철도역도 대형 백화점과 상가들이 밀집되어 지역 경제의 중심축으로 자리하고 있다. 그 외에도 일본에서는 지역의 경제 발전 거점이 철도 역사가 되고 연계수단도 역사를 중심으로 개발되어온 사례를 많이 볼 수 있다. 오래전에는 일본의 이런 개발 방식이 독특하고 신기해 보였으나 현재 대부분의 대도시는 역세권 중심으로 도시 개발이 이루어지고 있다. 승객들이 철도역에서 물건을 구매하게 되면 자동차를 이용할 기회가 줄어들어 교통 흐름이 원활해지고 대기 환경도 좋아지는 순기능이 있다. 이처럼 일본에서는 철도역을 중심으로 대중교통 역할이 집중되어 도시의 생활을 위한 편리함과 접근성이 매우 우수한 편이다.

③ 각국의 주차문화 비교

일본을 여행할 때 가장 부러웠던 것이 그들의 주차 문화였다. 도심에서건 주거지에서건 불법 주차된 차량을 찾아볼 수가 없다. 우리나라와는 비교되는 현실이다. 교통전문가인 필자의 입장에서도 어떻게 모든 차량이 지정된 주차 공간에 제대로 주차할 수 있는지 의문스러울 정도이다. 그처럼 성공적인 주차문화의 기반이 된 것은 차고지 증명제의 시행이었다. 차고지 증명제란 차량 구입 시 주차장을 반드시 확보해야 하는 제도이다. 아닌 게 아니라 일본에서는 작은 집 마당 한편에 아주 작게라도 주차장이 있고 그 안에 차량이 주차되어 있는 모습을 쉽게 목격할 수 있다. 또한 사람 사는 곳이라면 어디든 크고 작은 주차장들이 골목골목마다 마련되어 있는 풍경을 볼 수 있다. 그렇게 다양한 주차장 형태들을 보면 그동안 주차장 확보를 위해 얼마나 많은 노력을 기울여왔는지 알 수 있다. 주택가뿐 아니라 도심에서도 주차장을 찾기는 그리 어렵지 않다. 일본은 그와 같은 적극적인 주차장 공급 노력을 통해 불법 주차를 성공적으로 억제할 수 있었다.

어떻게 주차를 제대로 할 수 있었는지 일본의 교통전문가들에게 물어본 적이 있다. 그들도 예전에는 불법 주차로 인한 교통 혼잡과 사고 문제가 사회적 골칫거리였다고 한다. 고심 끝에 그들은 우선 주차장을 충분히 확보해서 주차의 편의성을 향상시키기 위해 노력했다. 지속적인 주차 질서 유지를 위해 위반에 대한 벌금도 대폭 올렸다. 벌금의 액수는 우리가 상상하는 것보다 훨씬 많았다. 주차 위반을 하면 재정적으로 큰 부담이 되도록 만들어 불법 주차 의지를 사전에 없애는 효과를 노렸던 것이다. 교통질서를 잘 지키는 사회 분위기도 정상적 주차 질서가 자리를 잡는데 큰 역할을 했을 것으로 추측된다. 단속을 하는 경찰 등 공무원의 권위도 강력하게 주어져 효과적인 단속이 가능했다. 또한 대다수의 일본 국민들은 불법 주차 단속에 대한 정부의 엄정한 공권력 행사에 불만이나 반발이 없다. 평소 합리적인 교통질서에 익숙해 있기 때문이다. 불법주차로 인한 교통 흐름의 방해와 교통사고 유발 가능성에 대해 잘 이해하고 있었고, 교통안전과 주차문화에 대한 공감대가 형성되어 있었다. 불법 주차는 창피하고 부끄러운 일이라는 사실에 대해 모든 국민이 동의하고 있는 것이다. 이처럼 정부, 국민, 경찰 등이 모두 주차 문화 정립을 위해 한마음이 된 사회 분위기가 우리로서는 너무나 부러운 일이다.

그럼 미국의 주차 문화는 어떨까. 미국의 도로변에서는 운전자들이 동전을 넣고 주차하는 모습을 심심찮게 볼 수 있다. 일정 시간 주차를 원하면 그에 상당하는 금액을 넣어야 주차가 허용된다. 물론 모든 도로에 전부 동전 주차가 허용되는 것은 아니다. 주로 시민들이 많이 지나다니고 주변 상가 출입이 용이한 지역의 도로에 설치되어 시민의 편의를 돕고 있다. 가변 도로에서는 동전을 지불하지 않고도 주차를 할 수 있는 지역이 많다. 도로의 이용 목적과 교통량 등을 감안하여 구역별로 주차 가능 시간을 다르게 하는 방식으로 주차가 허용된다. 이런 형태는 주로 주거지 부근에서 볼 수 있다. 차량의 통행에 방해되지 않는 범위 내에서 주민들의 접근성을 보장하려는 의도이다. 통행 차량이 많은 도심에서는 대부분 도로 가변 주차가 통제된다. 보행자의 안전을 보장하고 주변 상가의 조업을 보호하기 위해서이다. 그러나 도심이라 해도 일과 시간 외에는 일부 시간대에 주차를 허용하고 있다. 도로 공간을 탄력적으로 활용하고 있는 것이다. 이와 같이 시간대별 주차 허용 도로와 구간, 장소들을 구분하기 위해서는 도로 주변 교통상황과 보행자 통행 패턴에 대한 장기간의 분석이 필요하다.

정해진 주차 규칙을 어기면 어떤 일이 벌어질까. 어김없이 주차 단속 요원이 출동하여 벌금 티켓을 발부한다. 도로의 주차 허용 시간을 위반하거나 동전이 모자라 허용 시간을 초과한 경우, 차량 주인이 나타난다 해도 위반에 대해서는 엄격하게 벌금이 부과된다. 일본과 마찬가지로 대부분의 미국인은 위반에 대한 과다한 벌금을 자연스럽게 받아들인다. 미국의 주차정책은 사실 상당히 효과적이다. 주거지는 대부분이 개인 주택이므로 당연히 주차공간이 확보되어 있을 것이다. 하지만 도심에서는 주차 공간 확보가 어려울 것이므로 다차선 도로들의 가변 도로를 주차 용도로 활용하고 있다. 도심의 교통량과 공간의 가치에 따라 주차요금이 천차만별인 것도 합리적이다. 대도시일수록 주차 요금이 높아지기 때문에 사람들은 되도록 차를 가지고 도심에 나가는 것을 꺼린다. 높은 주차료로 인해 도심에서의 차량 사용 자제가 유도되는 것이다. 또한 추가 주차 공간 확보를 위해 민간과 공공차원에서 모두 지속적인 노력을 기울이고 있다.

공공질서에 대한 위반을 철저히 단속하기로 유명한 싱가포르는 주차요금 체계도 독특하다. 싱가포르의 모든 주차 요금은 각 차량 앞 유리에 설치된 정액 카드 장비를 통해 징수가 이루어진다. 어느 건물, 어느 지역을 가든지 미리 정해진 일정액의 주차요금이 그 카드로부터 빠져나간다. 우리나라처럼 건물에 들어갈 때 주차 카드를 뽑고 나올 때 지불하는 번거로운 절차가 필요 없다. 그러나 주차요금 징수카드에는 사전에 일정 액수의 돈이 충전되어 있어야만 한다. 카드에 요금이 부족한 경우 우리보다 훨씬 높은 수준의 벌금을 물린다. 주차요금 징수카드 체계는 싱가포르 전역에서 사용이 가능하며 혼잡통행료도 같은 카드에 의해 자동으로 징수된다. 그와 같은 주차 요금 징수의 편의성은 싱가포르 국민들에게 합법적 주차 습관을 길러주고 교통 흐름을 원활하게 하는 데 도움이 되고 있다. 우리도 이와같이 주차 요금 징수 방식의 편의성을 고려한 좋은 제도들을 채택한다면 불법 주차 문화를 근본적으로 없애는 데 도움이 될 것이다.

Part6

•

교통이 꿈꾸는 미래 세상

세계는 지금 도시 창생 중

뉴욕, 파리, 런던, 동경 같은 메가톤급 대도시들은 지금 한창 도시의 재생 바람이 불고 있다. 서울의 경우에도 지난 10간 새로운 모습으로 탈바꿈했다. 도심의 오래된 건물을 허물고 첨단 고층 빌딩을 건설했다. 부도심에는 뉴타운 아파트와 상가를 지속적으로 짓고 있다. 새로운 고층 건물이 들어서면 기존의 저층 건물보다 훨씬 많은 사람과 차량의 통행을 유발하게 된다. 그러므로 반드시 새 건물이 주변 도로에 미치는 교통 영향에 대해 세심하게 고려해야만 한다.

서울의 도시 재생의 방향은 자동차 중심에서 보행자 중심으로 바꾸는 것이다. 공간의 특성과 주변 지역의 도로망, 교통여건 등을 감안하여, 도시 공간을 자동차보다는 보행과 대중교통에 더 많은 비중을 둔 공간으로 바꾸려는 것이다. 보행자 중심의 공간 활용 사례로는 신촌의 연세로와 대학로를 들 수 있다. 연세로는 2012년에 서울의 첫 대중교통 전용지구로 지정되었다. 대중교통 전용지구에서는 대중교통과 구급차만 통행이 허용되며 자동차는 통행이 금지된다. 최근에 그 길을 이용해본 사람이라면 다들 참 걷기 편안한 도로라고 느꼈을 것이다. 대중교통 수단만 있어도 특별히 불편하지 않으며 교통 혼잡이 사라진 거리엔 버스킹의 낭만과 쾌적한 만남, 길거리 쇼핑의 즐거움들이 대신 자리하고 있다. 보행자를 우선시함으로써 큰 예산을 들이지 않고도 도시의 품격을 올리는 효과를 본 것이다.

1980년대 보행자 전용공간(Pedestrian Mall)으로 활용되었던 대학로는 여러 가지 이유로 오래전에 지정이 폐지되었다. 그러나 이제는 길거리 문화가 무르익었고 도시 속 보행자를 위한 공간이 아쉬운 시점인 만큼, 다시 한번 시행해 볼 만한것 같다. 대학로는 우리나라 대학의 시발점이고 주변에 역사적인 공간이 많기 때문에 보행자 중심의 공간으로 운영할 수 있는 타당성이 충분하다. 이와 같이 도시의 도로들을 대중교통과 보행자 우선의 교통 체계로 운영하고 유지 관리하는 것은 대도시 교통 정책의 정상적인 방향이다.

이제 서울은 단순히 재생의 개념을 넘어 새로운 도시를 재창조하는 창생의 개념으로 나아가려 하는 것으로 보인다. 다시 만드는 것이 아니라 새롭게 태어나는 것이다. 뉴욕을 떠올려보자. 불과 30년 전만 해도 뉴욕은 범죄가 만연한 더러운 도시로 유명했다. 뉴욕시의 건물들은 거의 150년 전에 건설되었기 때문에 낡고 지하철과 대중교통은 범죄의 소굴로 악명 높았다. 하지만 지난 20년 동안 도시 재생 사업을 착실히 시행해온 결과, 지금은 예전과는 완전히 다른 도시로 변모했다. 현재 뉴욕은 보행자와 관광객 위주로 도시를 끊임없이 창생하여 점점 매력적인 도시로 거듭나고 있다. 뉴욕의 변신을 이룬 주요 요인을 살펴보면, 무엇보다 보행자 공간을 확장하고 자전거의 안전한 통행을 보장하는 것이 도시 재생의 핵심이다. 이처럼 도시를 재생할 때 교통의 역할이 크다는 것을 알 수 있다. 도시에서 움직임을 디자인하고 시설물을 제공하는 것이 교통이기 때문에 교통과 도시의 창생은 서로 불가분의 관계인 것이다.

그렇다면 우리의 수도인 서울이 보다 이상적으로 창생하기 위해서는 어떤 원칙과 방식으로 변모를 꾀해야 할까. 새롭게 창생되는 도시는 획기적인 변신을 이루되 기존의 정체성과 개성을 잃어서는 안된다. 새롭게 만들어진 건물에만 의존해서는 진정한 창생을 이룰 수 없다. 정체성의 기반을 이루는 전통문화 유산을 보호하면서도 새로운 첨단 건축과의 자연스러운 공존을 통해 거듭나야 한다. 특히 전통문화의 보존을 위해서는 차량을 위한 시설의 신설보다는 보행과 대중교통의 통행이 중심이 되는 거리 환경을 만드는 게 좋다.

또한 제대로 된 도시 창생을 위해서는 교통 계획이 도시계획, 건축계획, 환경계획, 주거계획 등과 같이 검토되고 추진되어야만 한다. 지금까지는 각종 계획이 서로 다른 시기에 입안되고 시행되면서 수많은 시행착오를 겪었고, 그로 인해 불필요한 많은 예산과 인력을 낭비해왔다. 민간과 관공서, 대학과 연구소의 관련 인재들이 총동원되어 도시의 미래를 인간 중심으로 계획해야 한다. 도시의 장점인 편리함을 최대한 추구하면서 전통문화를 잘 보존하여 후손들에게 물려주겠다는 의지로 추진한다면 기존 도시를 미래지향적인 모습으로 새롭게 창생할 수 있을 것이다. .

살 만한 도시(Livable City)란 무엇일까?

이제는 사람의 거주지도 국가로 한정짓기보다는 도시라는 개념으로 파악하는 것이 자연스러워지고 있다. 전 세계적으로 도시화의 비율은 이미 50%를 넘어섰고 인구가 많은 중국조차 40%대에 들어서 있다. 우리나라는 무려 90%대를 넘어서서 세계에서 가장 도시화 비율이 높은 국가 중 하나가 되었다. 우리 국민의 대부분이 도시에 살고 있다. 올림픽도 나라가 아닌 도시를 기준으로 치르고 있다. 도시는 우리 삶의 기본 터전인 셈이다. 인간의 모든 생활이 도시를 기준으로 이루어지게 된 만큼 어떤 환경의 도시에서 사느냐가 가장 큰 관심사로 대두되고 있다.

요즘 '살 만한 도시(Livable City)'라는 개념이 등장했다. 살 만한 도시란 사람이 살기에 적합하고 살고 싶어지는 도시라는 의미이다. 그렇다면 살 만한 도시란 어떤 도시를 말하는 것일까. 물이 충분한 도시? 먹을 것이 풍부한 도시? 교육 환경이 뛰어난 도시? 거주 인프라가 우수한 도시? 아니면 사람이 많이 사는 도시? 살 만한 도시는 우선 사람들이 살아가는데 꼭 필요한 생필품 공급이 원활하고, 직장과 학교가 가까우며, 전기나 수도, 가스 등 거주 시설이 잘 갖춰진 곳이다. 사람들은 누구든 그런 도시에 살고 싶어한다. 그러나 그것만으로 우리는 그 도시를 진정 살 만한 도시라고 할 수 있을까. 수많은 사람들이 우수한 삶의 여건을 갖춘 도시에 몰린다면 어떻게 될까. 집값은 오르고 공기는 탁해지며 교통은 혼잡해질 것이다. 도시에서 급격히 늘어나는 인구에 맞추어 충분한 주거시설, 쾌적한 자연환경, 깨끗하고 안전한 교통시설을 적재적소에 제공하는 것이 결코 쉬운 일이 아니다. 현재 대도시들의 현실을 보면 부동산과 환경, 교통 문제는 도시 사람들을 괴롭히는 대표적인 골칫거리이다. 그럼 도대체 사람들이 살 만한 도시는 어떤 곳이고, 어떻게 그런 도시들을 만들 수 있을까.

최근 여러 기관이 전세계에서 가장 살 만한 도시를 선정했다. 이에 선정된 도시는 시드니, 밴쿠버, 멜버른, 비엔나, 취리히, 제네바 등이다. 이들 도시는 우수한 사회 인프라와 쾌적한 자연환경을 공통으로 지니고 있다. 또한 인구가 모두 천만을 넘지 않는 중간 규모의 도시들이다. 얼마 전까지만 해도 뉴욕, 동경, 홍콩, 파리, 런던, 북경, 서울 등의 대도시들이 사람이 가장 살기 좋은 도시였지만, 부동산 수급 문제와 환경 악화, 범죄 발생 등으로 인해 점점 순위밖으로 밀려나고 있다. 구체적으로 살펴보면 이들 도시에 살기 위해서는 우선 거주 여건에 비해 집값이 터무니없이 높아 경제적으로 감당할 수 없는 수준이다. 더욱이 도시의 역사가 오래된 경우에는 도시 재생이 어려워 환경적으로도 열악하다. 사람들이 지나치게 많은 도시는 범죄 문제가 가중되기도 한다. 중간 규모의 도시들과 대규모 도시들을 나누는 기준은 인구이다. 도시에서 사람의 숫자가 일정 기준을 넘어서면 부동산과 환경, 범죄 등 여러 가지 문제가 발생하여 사람들의 생활에 크게 지장을 주게 되는 것이다. 따라서 도시 인구의 적정 규모는 살 만한 도시인지 아닌지를 나누는 하나의 잣대가 된다는 것을 알 수 있다.

또 하나는 바로 우수한 교통인프라 수준이다. 두 유형의 도시들은 모두 도로, 공항 등 교통시설물의 운영과 유지가 뛰어나다. 대중 교통시설물 또한 사람들의 이동에 큰 역할을 하고 있다. 교통이 살 만한 도시의 기본 요건임을 말해준다. 하지만 비슷한 교통 인프라의 두 도시를 비교한다면, 인구가 더 많은 도시에서 교통시설물 운영 효율성이 떨어지는 게 당연하다. 일하러 가거나 식사하러 갈 때, 친구를 만나고 물건을 사러 갈 때도 우리는 빈번하게 이동한다. 누구든 인간 생활의 기본적 이동 행위가 편안하길 바란다. 또한 교통정체와 교통사고가 상대적으로 적게 발생하는 도시에서 생활하고 싶다. 출퇴근할 때도 통행 시간이 짧고 비용이 적게 드는 도시가 훨씬 매력적일 것이다. 뉴욕에서 하루에 비즈니스 행위를 2~3건 할 수 있다면 시드니에서는 4~5건이 가능하다는 분석 결과가 있었다. 교통의 효율성이 업무의 생산성에도 큰 영향을 미친다는 사실을 보여주는 사례이다. 교통에 의한 효율성과 생산성의 차이는 도시의 경제 발전에도 지속적인 영향을 끼칠 것이다. 이처럼 교통은 살 만한 도시를 평가하는 주요한 기준이 될 수 있다. 만일 교통 생활의 편리성과 안락함에 목적을 두고 도시를 건설한다면 그것이 바로 우리가 바라는 이상적 도시가 아닐까. 우리가 살고 싶고 살 만한 도시는 교통이 편리하고 안전한 도시인 것이다.

집 앞에서 바로 대중교통을 이용할 수 있다면?

지금으로부터 약 천 년 전, 사람들은 어떻게 이동했을까. 아마 걷는 것 외엔 별 방법이 없었을 것이다. 말이나 당나귀, 낙타 같은 동물들을 이동수단으로 삼았을 것이다. 그러나 동물들은 특정 계층이나 사막을 오갈때 등 특별한 경우에만 허용되는 교통수단이었다. 자전거와 자동차, 기차 등 여러 가지 교통수단이 존재하는 지금, 사람들은 얼마나 걸을까. 교통수단에 타고 있을 때를 제외하고는 아직도 사람들은 계속 걷는다. 아침에 눈을 뜨면 집 안에서 걸어 다니고, 문을 열고 자동차가 있는 곳까지 걸어가고, 도착 후엔 차에서 내려 다시 건물까지 걸어간다. 대중교통을 이용하는 경우에는 정류장을 왕복하는 보행 행위를 반복한다. 요즘은 건강을 위해 일부러 보행을 하는 사람들이 많다. 이와 같이 보행은 아직도 사람들의 생활 속에서 매우 중요한 역할을 하고 있다. 보행은 여전히 인간의 가장 기본적인 교통수단이다.

건물 내에서 이루어지는 보행중 가장 의미있는 곳 중의 하나가 병원이다. 대형 병원에 가면 바닥에 여러 가지 색깔의 선들이 연결되어있는 것을 볼 수 있다. 병원에서는 환자의 생명을 살리기 위한 효과적인 치료와 수술을 위해 신속하고 효율적인 이동이 매우 중요하다. 따라서 각 방의 기능과 역할에 의한 위계성과 연속성을 감안하여 환자와 의료진의 이동 순서와 절차를 바닥에 선으로 표시해 둔 것이다. 일반적으로 병원의 내부 설계를 할 때도 보행을 통한 진료 행위의 효율성을 고려하여 방의 위치를 정한다. 이와 같이 이동 목적에 따라 사람의 동선(動線)을 미리 구상하고 건물을 설계하는 것은 지극히 자연스러운 일이다. 국가 기밀을 다루는 정보기관이나 첨단 연구시설의 경우에도 사람들의 출입이 제한되는 공간과 허용되는 공간을 철저하게 분류 설계하고 보행을 명확히 구분하고 있다. 또한 주택 단지, 산업 단지, 대학캠퍼스, 놀이공원 등 단지 내부의 보행 시설도 보행 행위의 목적에 따라 적절하게 설계된다.

도시의 보행로는 차량과의 충돌을 최대한 방어하기 위해 방호시설이 의무화되어 있다. 특히 교차로 부근에서는 전체 교통사고 사망자의 약 40%를 차지할 정도로 보행자와 차량 간의 충돌 사고가 빈번하다. 그렇기 때문에 보행자의 안전 보장 시설을 의무화하도록 하고 있다. 통계조사 결과 우리나라는 아직도 인구 10만 명당 약 40명에 이를 정도로 보행자 사망사고가 많다. OECD 국가 중 제일 많은 수치이다. 그에 비해 사망자 수가 가장 적은 벨기에는 인구 10만 명당 겨우 10명에 그치고 있다. 안전한 보행을 위해 보다 적극적인 관심과 시설물 설치가 시급한 것이 현실이다.

최근 대부분의 도시는 보행자 중심으로 교통정책을 바꿔 시행하는 추세이다. 그중 하나가 보행자 몰(Pedestrian Mall)이다. 보행자 몰이란 일정 구간의 도로에서 자동차 통행을 완전히 금지하고 보행자의 통행만 허용하는 제도이다. 현재 교통 선진국에서는 보행자 몰이 활발하게 이용되고 있다. 앞서 언급한 것처럼 우리나라도 이미 1980년도 초반에 대학로에서 보행자몰을 시행했던 적이 있다. 보행자 몰 구간에 대중교통만 일부 통행을 허용하는 대중교통 몰(Transit Mall)도 보행자 중심의 교통 운영 방식의 하나이다. 서울 신촌 연세로의 대중교통 몰은 시작 된 지 얼마 되지 않았음에도 인근 상권이 활성화되고 사람이 많이 모이는 공간으로 자리 잡았다. 이처럼 보행자와 대중교통 통행을 중심으로 하는 녹색교통 중심의 교통정책은 이제 모든 도시가 추진해야 한다. 새로운 녹색 보행 공간을 만들 경우, 보행자의 규모와 특성, 그리고 도로의 용도와 상세 목적 등을 감안하여 보행로를 분류하고 운영해야 한다.

한편, 개인 승용차가 대중교통에 비해 선호도가 높은 이유는 접근성이다. 대중교통을 타기 위해서는 역이나 정류장까지 걸어가야 한다. 반면 승용차는 집 앞 주차장에서 바로 탈 수 있다. 이처럼 개인 교통과 대중교통 간의 가장 뚜렷한 차이는 보행거리와 시간에 있다. 버스정류장과 지하철역에서 대기하는 시간도 개인 승용차를 선호하게 되는 또 다른 이유이다. 비가 오거나 눈이 올 때도 자동차를 선택하는 빈도가 늘 것이다. 그처럼 보행은 교통수단 선택에 결정적 역할을 한다. 앞으로 교통기술이 더욱 발달하여 집앞에서 바로 대중교통을 탈 수 있다면, 과연 얼마나 많은 사람이 자동차 이용을 포기하게 될지 궁금하다.

빅데이터로 거듭난 신기한 버스가 온다

우리나라에서 버스는 오랫동안 가장 사랑받아온 대중교통이다. 1980년대까지만 해도 버스는 거의 유일한 교통수단이었다. 서울에서는 약 70% 이상의 시민이 버스를 이용했다. 그 당시 버스는 콩나물버스라고 할 만큼 하루 종일 승객들로 꽉 차 있었다. 필자는 고등학교 등교때 콩나물버스를 타다가 사람들에게 밀려나 몇대나 버스를 놓치고 지각을 하는 바람에 학교 운동장을 돌며 기합을 받던 일이 아직도 생생하다. 버스 정류장에서 버스를 한없이 기다리는 일도 비일비재했다. 버스가 가히 도로의 제왕이라고 불릴 만큼 유일하고 대표적인 교통수단이었던 때다.

버스 요금 징수 방법도 다양하게 변모해왔다. 처음에는 현금으로 내다가 회수권과 토큰이 생겨났고, 마그네틱 카드와 정액 카드를 거쳐 교통카드 기능이 있는 신용카드가 등장했다. 특히 카드를 지갑이나 가방에 넣은 채 단말기에 갖다 대거나 휴대폰을 대기만 하면 바로 지불되는 방식은 다른 나라에서는 상상하기 힘든 일이다. 아직도 세계 주요 도시에서는 버스 이용 시 현금이나 토큰이 활용되고 있는 실정이다.

우리나라의 버스 이용 관련 기술의 발전은 요금 지불 방법 못지않게 눈부시다. 한 10년 전까지만 하더라도 버스를 이용할 때 가장 불편했던 점은 버스가 언제 정류장에 도착할지 예측

할 수 없는 것이었다. 특히 추운 겨울에 무작정 버스를 기다리는 일은 참 참기 어려웠다. 1990년대 버스 운행 대수가 크게 늘어나면서 그런 불편을 해소하기 위해 버스 도착 정보 관련 연구가 시작되었다. 연구의 주요 내용은 버스의 현재 위치와 운행 속도, 정류장 도착 시각을 알아내는 것이었다. 하지만 그 당시에는 전자통신기술(IT)이 그러한 연구를 뒷받침할 만큼 발전되지 못하여 실제 버스 운용에는 적용할 수 없었다. 그 후 2000년대에 들어서자 기술이 급속하게 발전하면서 버스 정보 관련 연구와 정책도 동시에 진행되었다. 그 결과, 2000년 초반 서울시는 버스 도착 정보시스템을 구축하여 시민들에게 서비스를 시작하게 되었다.

시스템 구축 개발에 본격 착수하게 된 이유는 여러 가지 이점에 대한 확신이 있었기 때문이다. 정류장에서 버스를 무작정 기다리는 것이 버스 이용 중 가장 불편한 점이므로 만약 대기 시간을 줄인다면 버스 이용객이 늘어날 확률이 높았다. 버스 정류장으로 출발하기 전 미리 버스 도착 시간을 알 수 있다면, 정류장에서 대기하는 시간을 줄일 수 있다. 그렇게 되면 출발지에서 목적지까지 이르는 전체 통행 시간이 줄어들게 된다. 이것이 버스 도착 정보시스템의 가장 큰 장점이다. 더불어 정류장에서 본인이 타고자 하는 버스의 현재 위치와 정확한 도착 시각을 안다는 것은 심리적으로 큰 위안을 준다. 정류장에서 인터넷 검색을 하거나 독서 혹은 전화를 할 수 있는 여유도 생기기 때문이다.

버스 도착 정보시스템의 그러한 이점들은 버스 승객

증가를 유도할 가능성을 높인다. 버스 승객이 증가하면 그에 반비례하여 승용차 통행이 줄어든다. 그로써 도로의 혼잡을 완화시킬 수 있다. 서울시의 경우, 버스전용차로를 버스 정보체계의 도입과 함께 시행하여 그 효과를 더욱 극대화시켰다. 버스전용차로에서 버스가 승용차, 택시와 떨어져 독립적으로 운행된다면 예정된 시간에 도착할 가능성이 높아지기 때문에 교통정보의 정확성도 커지게 된다. 이로써 서울의 버스 정보 서비스는 세계 주요 도시에서도 보기 드문 대중교통 운영방식이라고 평가받고 있다. 서울시는 이제 지하철과 버스를 시민의 발로 조화롭게 운영하는 대중교통의 메카가 되었다.

하지만 현재의 버스 도착 정보시스템은 정보의 다양성 면에서 다소 부족한 면이 있다. 보다 원활하고 편리한 서비스 제공을 위해 서비스의 개선이 불가피하다. 그렇다면 앞으로 어떤 면을 확충해야 할까. 나날이 기술혁신이 이루어지고 있는 정보통신기술의 발전은 여러 가지 새로운 버스 정보서비스 기능을 가능하게 만들어줄 것이다. 우선 버스 정보의 정확성을 한층 높이기 위해 도착시간 계산 알고리즘의 기능적 개선과 함께 관련 장비의 품질 향상이 필요하다. 또한 모든 버스의 빈 좌석 정보 등이 시민들에게 제공되어야 한다. 지금은 버스 정보가 일률적인 시스템 중심으로 제공되고 있다. 실제 승객 각자의 위치부터 목적지까지 정확한 버스 이용 정보를 만들어 제공하는 일이 시급하다. 현재 지하철 정보는 버스와 연계되어있을 뿐이지만, 앞으로 도보 및 택시

등과의 완벽한 정보 공유도 필요하다. 이런 방식은 교통이 매우 혼잡한 지역에서 승객에게 다른 교통수단의 운행 상황을 제공하여 환승 여부를 결정할 수 있게 도와줄 것이다. 그로써 버스에 대한 신뢰성을 더욱 높일 수 있다. 버스 도착 정보시스템이 항상 정상적으로 작동할 수 있도록 운영의 항상성을 기하는 것도 원활한 대중교통서비스 측면에서 중요한 일이다.

지금까지 버스 정보서비스는 우리 사회에서 나름 큰 성공을 거두었다고 평가된다. 그러나 앞으로도 전자통신기술, 컴퓨터 응용기술, 일반 과학기술 등의 발전 흐름에 맞춰 지속적으로 개선되고 발전되어야 한다. 최근에는 빅데이터로 대중교통의 실시간 정보와 다른 정보가 융복합된 새로운 서비스가 제공되고 있다. 예를 들어 교통 수요의 추세에 맞춰 대중교통 노선을 조정하거나 신설하는 일이 가능해졌다. 또한 심리학, 사회학, 행정학, 경제학 등 사회과학 분야와 관련된 인간의 욕구나 행태를 적절하게 분석하여 버스의 서비스 개선에 활용할 필요도 있다. 현재의 버스 승객 규모를 유지하면서 다른 수단으로부터 버스로 교통 수요를 전환하기 위해 더 편리하고 안전한 서비스를 제공하는 것은 대중교통시스템 운영의 기본 원칙이다. 융복합 기술의 시의적절한 활용은 버스의 지속적인 발전을 위한 중심축일 것이다.

무인자동차와 하늘을 나는 자동차

교통 행위를 하는 사람들이 궁극적으로 추구하는 것은 안전하고 편리하게 목적지까지 도달하는 일이다. 이를테면 주차장이나 역까지 걸어가지 않고 집앞에서 곧바로 최종 목적지까지 이동하는 것이 가장 이상적인 교통 행위일 것이다. 자동차가 생기기 전까지 사람들은 문 밖을 걸어 나가 목적지에 도착했다. 온전히 발로 걸어야 했기 때문에 편안하지는 않았지만, 경로 자체는 단순했다. 하지만 기술이 발전하고 인간의 이동 범위가 넓어지면서 자동차, 기차, 비행기라는 새로운 교통수단을 이용하여 교통 행위를 하게 되었다. 그에 따라 이전까지는 목적지까지 직행하던 사람들의 이동 경로가 다소 번거로워졌다. 자동차를 이용할 때를 생각해보자. 보통 주차장까지 걸어가서 차를 타고 목적지에 도달한 뒤 다시 걸어서 최종 목적지에 도착하게 된다. 주택 내부에 주차장이 있는 외국의 경우는 사정이 좀 낫겠지만, 우리나라 사람들은 대부분 주차장까지 걸어간 후 이동해야만 한다. 지하철의 경우도 마찬가지이다.

교통기술이 크게 발전된 미래를 그린 영화들을 보면, 아파트 베란다에서 멋진 차를 타고 목적지 빌딩의 원하는 층까지 단번에 이동하는 모습을 볼 수 있다. 영화처럼 출발지와 목적지를 양문형(Door-to-Door)으로 이동하는 것은 현실적으로는 쉽지 않다. 사람들은 각기 다른 출발지와 목적지를 가지고 있다. 그 많은 사람이 양문형으로 이동할 수 있는 교통시설을 설계할 경우, 모든 이동에 대한 경우의 수를 고려하면 상상할 수 없을 정도로 복잡해지고 거대한 시설물이 필요하게 된다. 그러한 시설물이 건설된다고 해도 개인의 안전한 이동을 보장할 수 있을지 의문이다. 그에 비해 화물의 이동은 사람들의 요구를 거의 충족시킬 수 있을 만큼 성장했다. 사전에 주문된 화물은 문 앞으로 바로 배달되고, 발송할 화물까지 문 앞에서 직접 보낼 수 있는 시스템이 운영되고 있다. 화물 운송비용도 점점 저렴해지고 있어 앞으로 화물의 이동은 더욱 더 편리한 방향으로 발전될 것이다.

한편 최근에 급속도로 개발이 진행되고 있는 무인 자율주행 자동차는 인간의 편리함을 극대화하는 바람직한 이동 수단이다. 무인 자율주행 자동차의 의의는 이동에 있어 인간이 운전에 관여하지 않는 것이다. 기술적으로 자동차 스스로 운전하는 것은 거의 완성 단계에 와있다. 그러나 무인 자동차 운행 관련 법규나 도로시설물의 운영 방식이 현실화에 걸림돌로 작용하고 있다. 무인 자율주행 자동차 운행을 위해 개발 중인 여러 방식의 기술과 다른 분야 기술 사이의 호환도 해결되어야 할 과제이다. 가까운 미래에 이러한 과제들이 해결되고, 상용화되어 사람들의 이동에 이용된다면 인류의 이동 편리성을 크게 향상시키는 계기가 될 것이다. 새로운 이동 방식을 통한 교통의 혁명이 일어나는 것이다.

잠시 시선을 돌려 우주를 보자. 인간의 교통에 대한

요구는 지구 내부에 한정된 것이 아니다. 인간은 우주로도 가고 싶다. 인간이 자동차에 있어서는 무인으로 운행한다는 목표를 위해 애쓰고 있는 반면, 우주선은 유인으로 운항하는 일이 최종 목적이다. 우주 탐사선 기술이 개발된 이래 수많은 무인 우주선들이 달, 화성 등의 정보를 수집해 왔다. 하지만 우주선에 사람을 태워 운행하는 일은 아직도 어려운 과제로 남아 있다. 먼 우주를 운행하는 것은 인간의 수명에 비해 지나치게 긴 비행시간이 필요하기 때문이다. 또한 인간이 우주에서 오랜 시간 생명을 유지하려면 수많은 기술적 난제와 비용 문제를 해결해야 한다. 현재의 기술로 며칠, 몇 년 내에 우주의 다른 행성을 왕복하는 것은 여전히 요원한 일이다.

그동안 적지 않은 사고와 막대한 비용을 감내하며 기술을 개발해 왔던 유인 우주선은 현재 더 이상의 진척이 없는 상태이다. 이렇게 정체된 유인 우주선 개발 상황은, 마치 무인 자동차가 일찌감치 개발되었음에도 불구하고 제도적 문제와 기존 교통수단과의 상충 등 사회 구조적 저항에 거세게 부딪히고 있는 현실과 유사하다. 교통 편리성의 최전선에 있는 무인 자동차와 인간의 원초적 호기심이 낳은 궁극의 교통수단인 유인 우주선, 둘 중 과연 어느 것이 먼저 장애물을 극복하고 우리 곁에 가까이 다가올까. 또 그런 교통 기술들이 바꾸어낼 우리의 삶은 어떤 모습일까.

지은이 **김창균**

서울에서 태어나 성균관대를 거쳐서 미국 뉴욕대학교와 버지니아공대에서 공부하였다. 교통공학을 전공하고, 박사 졸업후 25년 동안 산학관연에서 근무하였다. 한국교통연구원을 시작으로 가톨릭관동대, 서울시청, Accenture(액센츄어, 싱가포르), 한양대, 단국대 등에서 다양한 경험을 쌓았다.서울시 교통정보센터장으로 근무하며 교통과 IT를 접목하여 실시간 교통정보 생산과 제공과정을 직접 체험하였고, 버스도착정보시스템을 운영·관리하였다.고속철도,경전철, 교통안전, 대중교통, 도시개발, 교통체계, 남북연계교통망 등 국가와 지자체의 교통프로젝트에 참여하였으며, 균형발전위원회, 지방이양추진위원회, 중앙인사위원회, 건설교통기술심의위원, 한국연구재단위원 등 정부의 위원회 경력을 가지고 있다.
현재는 휴먼교통연구소를 운영하며 레인카 운동을 통해 교통질서 바로잡기와 교통문화운동을 실천중이다.

움직이는 모든 것은 교통이다

초판 1쇄 발행 2018년 11월 22일
초판 2쇄 발행 2018년 12월 17일

지은이 김창균
펴낸이 정유진
펴낸곳 no book
주 소 경기도 수원시 영통구 광교중앙로 145 A432
전 화 031-8025-9200 **팩 스** 050-4211-8560
https://blog.naver.com/nobookorea
이메일 nobookorea@gmail.com
출판등록 2018년 7월 27일 제2018-000072호
디자인 hartbakdesign **인 쇄** 새한문화사
ⓒ 2018 Kim, Chang-kyun, Published by no book, Printed in Korea

ISBN 979-11-965237-0-1(03300)

+ 이 책은 저작권법에 따라 보호받는 저작물이므로 무단 전재와 복제를 금합니다.
+ 잘못 만들어진 책은 구입한 곳에서 교환해 드립니다.